CHUANMEI JIAZHI
YU YUNYING

传媒价值与运营

王树柏◎编著

清华大学出版社
北京

图书在版编目(CIP)数据

传媒价值与运营 / 王树柏 编著. —北京：清华大学出版社，2019
ISBN 978-7-302-52460-1

Ⅰ. ①传… Ⅱ. ①王… Ⅲ. ①传播媒介—研究 Ⅳ. ①G206.2

中国版本图书馆 CIP 数据核字(2019)第 043561 号

责任编辑：王燊娉
封面设计：赵晋锋
版式设计：方加青
责任校对：牛艳敏
责任印制：杨 艳

出版发行：清华大学出版社
网 址：http://www.tup.com.cn，http://www.wqbook.com
地 址：北京清华大学学研大厦 A 座 邮 编：100084
社 总 机：010-62770175 邮 购：010-62786544
投稿与读者服务：010-62776969，c-service@tup.tsinghua.edu.cn
质 量 反 馈：010-62772015，zhiliang@tup.tsinghua.edu.cn
印 刷 者：三河市铭诚印务有限公司
装 订 者：三河市启晨纸制品加工有限公司
经 销：全国新华书店
开 本：170mm×240mm 印 张：11.5 字 数：165 千字
版 次：2019 年 7 月第 1 版 印 次：2019 年 7 月第 1 次印刷
定 价：98.00 元

产品编号：081569-01

序言1

隆冬时节，案几放着一份《传媒价值与运营》书稿。阅读书稿，回顾往事，感慨颇多。几十年的教学生涯中，我写过多本与广告学相关的教材，其中也谈到了广告与传媒的关系。如今，读到这本书稿，心中一震。树柏兄对传媒的价值与运营剖析得极为细致，还提出了许多新的概念，比如传播内容的种子作用、传播渠道和销售渠道如何重叠、传媒在品牌塑造中的运用、品牌传播中的阴刻和阳刻等，让人眼前一亮。

需求与消费是人存在与发展的基本条件。广告，是生产与消费的沟通工具之一，也是连接供给与需求的桥梁之一。只要人的需求与消费存在，广告的价值与意义就不容置疑。广告要传达到消费者，必然要通过媒介。20世纪是报纸、杂志、广播、电视四大传统媒体盛行的时代，进入21世纪，互联网快速发展，传媒更加多样化，微博、微信、论坛、门户网站等占据了人们大部分时间，人们获取信息、工作、生活、娱乐都离不开传媒。由此可见，传媒的价值与运营也是一个非常值得研究的话题。

伴随着移动互联网络的快速发展，中国传媒业也处在急剧的变动之中。“技术驱动”自然是推动传媒发展的一个重要因素，但是，这并不是唯一因素。传媒业的变动，除了技术性因素之外，还与社会生活、经济发展、文化需求、区域推动等因素有直接或间接的关系。本书详细分析了传媒的生态与规则、传媒与人的关系、传媒价值的隐性和显性价值、传媒与剩余心智流量的关系及所产生的剩余心智流量价值，给我们带来了看待传媒的新视角。

任何行业，没有根基，就不会发展；没有榜样，就不会高尚；没有高度，就得不到其他行业的认同。传媒“活”在市场上，要有自己的立足之本。我很欣喜地看到树柏兄在本书的后半部分，阐述了传媒投放运作的方式、传媒与渠道的关系，以及途牛旅游网在品牌营销方面的实战案例也呈现在书中加以佐证，有理有据，让人读之酣畅淋漓，如沐春风。

传媒的价值与运营是一个常说常新的话题，本书条分缕析、面面俱到，感谢树柏兄的思想结晶，我向读者推荐此书。

丁俊杰

中国传媒大学学术委员会副主任
国家广告研究院院长
亚洲传媒研究中心主任
首都传媒经济研究基地(北京市哲学社会科学重点研究基地)主任

序言2

这个时代，不仅是我们耳熟能详的网络时代、大数据时代，也是“媒介融合”的时代。20世纪还是报纸、杂志、广播、电视四大传统媒体风光盛行的时代。1994年，互联网元年开启，移动终端诞生，之后出现了数量众多的新媒体及大数据公司，整个媒体环境发生了巨大改变，传统媒体与消费者之间“我说你听”的形式，逐渐转变为相互之间的沟通与交流。

新媒体的层出不穷，互联网、移动终端技术的发展给传统媒体的固有传播模式带来了挑战，人性化、更贴近消费者的信息传播模式越来越盛行，这既为传媒业的发展注入了新鲜血液，同时也产生了一些问题，比如信息的多元化、碎片化以及虚假信息泛滥等，这些都深深影响了人们的日常生活。

我已从事广告行业二十多年。我们国家的广告行业虽然起点很低，但发展迅速，这与我国市场经济快速发展息息相关，与传媒业的推动相关，当然也是广大传媒人努力奋斗的结果。手中的这本《传媒价值与运营》来得正是时候。仔细翻阅，书中提出了很多新的概念，比如媒介的显性价值和隐形价值、剩余心智流量与剩余心智流量价值、传播内容的种子作用等。这些概念以前没有人提过，我看过之后觉得很有道理，真心感谢树柏兄对传媒理论的贡献。

当今社会，人人离不开传媒，传媒与人、与社会、与市场的互动和尊重也变得越来越重要。传媒业蕴涵着巨大的商业价值和社会价值，行业未来发展趋势必然是跨界融合，因此，传媒人要敢于突破自我、不断学习，打开眼界看看其他行业的创新力量。

不管你是传媒从业者，还是广告人，或者是企业主，都应该认真翻阅此书，熟知传媒的价值所在，学习传媒运营的方法。毕竟，满足消费者的需求才是我们的共同目标。

李西沙

中国商务广告协会会长

序言3

认识王树柏多年，他既是新闻、服饰、广告、文旅、互联网等多个产业里颇有建树的资深人士，也是业界享有较高声誉的专家名人，成功案例很多。作为传媒业的“圈内人”，这些年来我和他的交流，更多是工作上的沟通。如今，案前放着他的第一部专业著作——《传媒价值与运营》，不由得眼前一亮，心中一喜，兴趣和欣慰感油然而生。

在快速变化发展中的新常态中国，觉醒的人们需要更多新意识、新方法来让事业更辉煌，让生活更幸福。《传媒价值与运营》是较为系统的关于传媒与传播的经典实践样本，特别是书中建设性提出的传媒的显性价值和隐性价值，让我们这些做了多年媒体的人茅塞顿开。畅快读来，颇受启发，确是兼具技术性和艺术性、欣赏性和实用性、知识性和体验性的好书，可谓应运而生，生逢其时。

作为成功的国际商务人士，树柏在跨越亚、欧、美、非的“空中飞人”生涯里，用了三四年的时间编著这部厚实的“业务书”，查阅大量专业书籍文献、图片资料和报刊网络新闻，在废寝忘食“分内工作”的时间缝隙，倾注了更多的严谨细致与情感奔涌。正是经过这一千多个日夜的投入付出，才完美呈现十几万字、多幅图片和原创图表，其间的辛苦疲累、浩繁冗复、精益求精，体现出的是他对事业更深刻的执着与热爱。

有人的世界就有传播，有传播就有传媒，学而时习之，不亦乐乎！希望有更多的商场精英能读到这本书，希望有更多的人借助这本书实现梦想！

水皮

华夏时报总编辑

著名财经评论家

序言4

时间过得真快，还记得2016年下半年我曾到访途牛，与树柏兄有过传媒营销方面的交流。没想到，如今已拿到他的这本汇集思想精华之作——《传媒价值与运营》，惊叹之余更钦佩树柏兄的勤奋与学识。

“我们追随都市人的轨迹，在任何时候都不放弃对任何人的传播。”这是我从事广告传媒行业以来一直信奉的观念。现代人无时无刻不处在传媒的包围中，从早期的电视、报纸、杂志等传统媒体，到电梯广告、地铁广告等户外媒体，再到现在的移动互联网媒体，每个人的生活都有传媒的参与，这也是我打造“生活圈媒体群”的一个重要原因。

传媒的价值是无法估量的，重要的是如何运用它。现在媒体发展的大趋势有两个方面：一是主流人群基本不看电视，都去看互联网了；二是人们在互联网上很少留意广告。企业若想运营好传媒，应该抓住传媒移动化和被动化两大趋势：移动化在于抓住用户看手机的五六个小时，创造内容话题植入营销；被动化在于抓住用户被动的必经工作生活空间，把广告植入主流人群最基本的生活场景中，从而实现对用户的有效到达。

这本书中提及的很多观点印证了我对传媒的思考。如果你是一个有心人，如果你经常关注传媒市场，你在观察受众的消费形态时会发现一些新的东西，比如主流人群对一则广告的接触渠道有哪些？如何打造广告的“三点合一”？广告媒介组合有什么法则？读完此书，你便会豁然开朗。

另外，这本书中也有多处让我“眼前一亮”的观点，比如书中提及的传播内容的种子作用、品牌传播中的阴刻和阳刻等，特别是树柏兄提出传媒的显性价值和隐性价值是非常有建设性的概念。可以这么说，这些新概念也是我多年来运作媒体的心得感触，在此感谢树柏兄将它们凝结成文字，让更多的读者看到。

对传媒的运用不仅来源于广阔的市场空间，更来源于天马行空的想象力，还有丰富的理论积淀和独特的洞察力。希望每一位从事传媒相关行业的朋友都能认真阅读此书，从实际工作中挖掘传媒更大的价值和有效的运作方法。

著名企业家

分众传媒创始人

序言 5

传媒及其运作，是市场经济社会进入移动互联网时代后，产品和企业品牌实现社会价值和事业发展的重要工作，也是创造现代商业奇迹和社会奇迹的必由之路。

树柏先生在多个行业、领域从事市场策划和开发管理工作多年，对于传媒的理解和运作，有着丰富的实战经验和深刻的理论思考，博采众长而独立思想，他二十年磨一剑，如今都汇集在这本书里，这对业界真的是一件幸事！我能先睹为快，赞美之余，自然有了向更多的人推荐分享实战经验和敏锐思想的念头。

途牛旅游网作为中国在线旅游领先企业，一贯注重基于互联网的创新模式和注重客户体验的服务理念，在高速发展中深受国内外客户信赖，赢得了出色的市场声誉，成为各类传媒焦点的同时更成为大众口碑的亮点，美名鹊起。其间，树柏先生作为途牛公司分管营销体系的副总裁，对“途牛”的品牌策划与推广、营销开发与推进、市场建设与传播建立了卓越的功勋，由他来传播“传播学—传播技术”，是真正的名至实归！

我想，正在商海搏浪的商务人士，和有志于创业的青年才俊，从《传媒价值与运营》一书里，都可以听到商战前沿的枪炮声、呐喊声，以及阵前的口令警语。

竞争力的本质是学习力，商战无涯，尽快感受、尽快把握，一定能让我们离成功近些，更近些！

New-E智能营销集团创始人
IECIA联合创始人
ECI Awards(国际艾奇奖)执行主席
中国商务广告协会商业创新委员会执行主席
《创意经济》杂志主编
中国传媒大学教授

树柏兄的书与人

2016年仲夏的某个不是月明星稀的午夜，也就是杭州G20召开前几个月的平常一天，我与树柏兄酒后在西湖边边走边聊，严肃地就如何避免浪费广告费这一主题进行了友好而坦诚的交流(也就是鸡同鸭讲、各说各话的意思)。树柏兄说，他有一套理论与模型，可以避免广告费浪费。开始我并不以为然，心想这个千古难题就这样轻易被破解了？(中间省去1万字讨论的过程)到最后，我对他在长期实战中归纳概括的这一套是服气的，因为它是途牛旅游网品牌快速成长期大量的真金白银换来的经验心得。回到酒店之前，我们达成了共识，如果能活学活用树柏兄这一套，就可以尽可能地避免广告费浪费。相信尊敬的读者读完这本书，也会有同感。

在这次夜游西湖之前，我早就知道了树柏兄是个勤勉敬业，喜欢在实战中不断思考、解决问题的人。但当听他说正在写本书，注意，是本书，我当时就震惊了。树柏兄不说是日理万机，也是没有周末、不到晚上十点下不了班的人，这个省那个局，这个风景区那个目的地，忙得不亦乐乎。哪有成片不受打扰的时间写本书？但树柏兄记住了鲁迅先生说过的这句话：“时间就像海绵里的水，只要愿挤，总还是有的。”于是忙里偷闲，飞机上、候车厅、办公室，都是他的写作间。看得出来，他对写好本书这件事，是真爱。不为名，不为利。

国内营销传播类专业书籍，要么缺少实践的给养而流于抽象的说理与概念阐释、简单的案例堆砌与数据罗列，少了实践出真知的成色；要么急功近利，忙于从自己有限的实践中炮制新鲜理论与概念，以“收割”营销传播这块土地上不断新长出来的“韭菜”，却恰恰缺少理论指导实践的底蕴。树柏兄的这本书，既有理论的梳理与自己的独到见解，也有实践的例证与深入思考，可谓理论与实践结合的佳作。

比方说，树柏兄把传媒分成被动传媒与主动传媒，卑以为就很有见地。被动传媒是指需要受众选择接触才能产生传播效用的媒介，是被主导(政治、资本、组织、信仰等)的信息传媒，例如报纸杂志、广播电视、网站网页等大多数传统的传播媒介，这些媒介在传播过程中本身是被动的，处于等待被选择的状态。主动传媒是指受众即是信息源，所有的参与者(连通者、在线者)既是传播者也是发送者，都是主动者。被动传媒是专业媒介，依靠专门的机构运营，是点到面的传播；而主动传媒是自媒体，依托一个平台，是点到点的传播。尊敬的读者要是读到这里想到了麦克卢汉的冷媒介与热媒介之分，若有所思，说明树柏兄的这个区分就是有意义的。

国内有关“传媒价值与运营”这一主题的书可谓汗牛充栋，但从传媒的对面——品牌的视角谈这一问题的书凤毛麟角。树柏兄长期负责途牛旅游网与市场、品牌相关的工作，对各种类型媒体的价值洞若观火。他认为，媒体无关大小，都有价值，关键是怎么运用与组合。马+马+马+马+马=一驾马车，车轮+车轮+车轮+车轮+发动机=一辆汽车，简单的组合和拼凑可能只会是一驾马车，巧妙地甄选与组合，搭建出来的可能就是一辆飞驰的汽车。如何利用好传媒的价值？首先要分析出传媒的显性价值和隐性价值，挖掘传播内容的种子作用，再针对企业发展的不同阶段来制定相应的媒介策略。

要之，《传媒价值与运营》这本书，不仅有益于品牌方的营销传播实践，也有益于传媒方换个视角看待自己的价值，运营好自己。

刘拜

《广告主》杂志总编辑

数字时代，信息可在瞬间到达世界的每一个角落。在这个时代，每一个人都可以是媒体，每一个人都有撬动世界的可能。这个变化是传统媒体时代无法想象的，这种冲击是巨大的。可以说，传媒正在重新改造世界，影响和改变着人们的生活方式、思维方式、价值观念。

我们应该怎样理解当前的媒体？以受众为核心是理解媒体的关键。在传统媒体时代，受众接受来自电视、报纸等大众媒体的影响，这种影响是单向的、固化的，更是简单的、可调节的，甚至是可操纵的。然而，对于受众来说，这种媒体是有界限的、不自由的。数字时代，信息扩散的渠道极为丰富，媒体的边缘在消失，受众以信息的形式完全融入这个世界，既可以全方位地吸纳，也可以自由地自我表达。这就是数字媒体带来的巨大转变，两种完全不同的现实生活的转变。

生活方式的改变，产生了全新的思维模式，同时，媒体、品牌、广告这些传播方式，亦自然而然地随之改变。

以前传播会考虑媒体的收视率、阅读率、到达率、曝光量等，现在，可能一个自媒体的“10万+”就把你打败了。现实就是这样，“时代抛弃你的时候，都不和你说再见”！

好在，这个世界还有不变的东西！途牛的品牌九度可以说是在这个层次上的尝试。

做品牌，做传播，做广告，都必须围绕消费者，这就是以人为本，这就是品牌运营的本质。在这个基础上去理解媒体才有意义，也只有做到这一点才可以穿越传统与数字媒体。

一张报纸只有唯一的报眼、头版通栏，在这些位置投放广告，就能提升广告效果吗？电视用户的总覆盖家庭数、开机率、节目的收视率、用户的实际观看率、广告的到达率、有效到达率之间的相互关系是什么？这些专业的问题，必须以消费者为核心而展开。

广告也是如此。好产品，以人为本，广告助其畅销；坏产品，广告只会加速它的死亡。以人为本，大众对品牌才能产生良好的印象，并逐渐促成购买行为，进而实现品牌忠诚度。在此基础上，我们再来考虑广告的专业问题。一个好的广告片应该具备哪些要素？记忆点、卖点、转化点是一回事吗？如何打造广告的“三点合一”？如何抢占用户心智？如何挖掘用户的剩余心智？广告投放后，媒体反馈不好(广告没有效果、广告片做得不行、内容做得不吸引人、促销的力度不够大等)，问题出在哪里？

这些问题，本书会给你答案，同时这也是本书的写作目的。弄清楚传媒的价值，然后充分运营传媒，将传媒的价值发挥到最大化，这是企业变革发展的重要利器。本书除了把传媒的概念讲透以外，还提出了很多新的概念，如传媒的显性价值和隐性价值、传媒传播内容的种子作用、传播渠道和销售渠道如何重叠等。

“君子务本，本立而道生。”无论传媒如何更新，消费如何升级，只要你抓住了传媒运营的精髓，借助传媒的力量塑造个性化品牌，满足消费者的个性化需求，企业品牌的能量将无限放大。

陈徐彬

虎啸奖创始人

国际品牌观察杂志社总编辑

序言8

营销行者描绘的诗和远方

众所周知，大众传播时代早已到来，无论是传统媒体还是新媒体，都以几何级的加速度更新迭代，一日千里。当传媒日益改变着人们的生活方式，对企业而言，如何有效挖掘新的传媒价值和运营方式，就成了不可回避的话题。树柏兄这部专业著作——《传媒价值与运营》，正是对此作出的深度思考，以及系统的回答。

纵观众多传媒营销类书籍，炫酷耀眼的噱头千篇一律，直指人心的洞察万中无一。在我看来，此书中如下两组创新论述让人耳目一新，值得观者细细品味：

第一，渠道、内容、用户重叠理论

渠道最理想的状态是传播渠道和销售渠道重叠时，其前提是渠道要对应其精准的消费者；内容和渠道可以互相催生，新的内容产生会带动新的渠道的产生，新的渠道产生会相应传播新的内容；媒介投放要做到百分百，要做到打通、打透、打穿；内容—渠道—用户，这三者要统一起来，任何一个环节的不精准，都只能被称为类精准，这是媒介投放的核心；未来网络的流量会骤减，用户的时间是有限的，因而在内容越来越繁杂的情况下，用户会选择自己喜爱、对自己有价值的内容来看；免费的概念也即将失效，随着付费时代的来临，谁的内容最有价值，谁最能为用户节约时间，谁将被保留下来，其他服务都将被淘汰。

第二，人对媒介的运用抓手

如何最大程度发挥媒介整合的作用？如何让广告效果不被浪费？媒介整合不是简单的拼凑，完美运用好每一个有价值的媒介，将会对企业的销售或是营销产生不可估量的作用以及效果，因而我们要学会做加法。传统媒介的终极发展趋势，一方面面临消亡的可能性，但另一方面又以新的形态出现来延续生命；书籍由纸质向电子转型，报纸分类化，电视仍是营销的制高点，广播变“窄播”，成为一心二用的媒体……手机等智能电子设备的发明带动了新媒介，包括搜索引擎、导航网站、户外广告、车身广告、地铁广告等。人们的媒介使用习惯逐渐发生变化，媒介极大地影响着人们的生活，社交媒体越来越占据当代公众的心智，乃至成为他们精神层面的主宰与寄托。

与树柏兄相识多年，我对他的认知有三个关键词。

首先，是“人文气质”。树柏出身于新闻媒体界，与诸多市场一线出身的专家不同的是，他在关注营销实效的同时，更多一份系统的底层思考，更重视与消费者精神层面的沟通，更追求品牌的人文价值构建。

其次，是“求索探知”。树柏的经历涉及新闻、服饰、广告、文旅、互联网等多个产业，且颇有建树。在业界享有较高声誉，拥有很多成功案例，却始终在学习的路上，比如大数据影响、内容营销、智能营销，但凡有新的营销理念出现，他都会一探究竟，始终孜孜不倦，从不故步自封。在“探访赤水河十里习酒城之旅”相见时，了解到树柏对中国白酒文化有着浓厚的兴趣。前不久，他在繁忙的工作之余挤出时间，参加了国家级专业品酒师的培训，并一举荣获国家一级品酒师认证，着实令我们一众同道好友佩服不已。

最后，也是最重要的“诗和远方”。如果说树柏出身的新闻媒体行业给了其诗一般的人文气质，诗歌般考究的文字整合运用，那么他目前从事的旅游业平台就给了他远方的畅想，多年的积累历练更赋予他高远无垠的视野。熟悉树柏的人都知道，他是典型的世界“飞人”。与国内外政府、旅游机构的合作签约，使他的工作范畴早已超出传统意义上的品牌推广，他更是彰显文化自信的沟通使者。

2018年4月，文化部和旅游部合二为一，众多网民欢呼——“诗和远方”终于到一起了。文化是旅游的灵魂，旅游是文化的载体。两者的有机结合，有利于增强文化自信，提高国家文化软实力和中华文化影响力。树柏兄用他的诗和远方，为行业贡献自己的力量，为后来者指明前行的方向，为同行者暨品牌从业者悉心勾画了一条通往未来的路径。

中国内容营销委员会副秘书长
茅台集团习酒公司营销总顾问

序言9

写在奔腾的传媒进化年代

非常荣幸收到邀约，为《传媒价值与运营》作序。作为作者多年的好友，也作为传媒领域的多年从业者，在拜读本书的过程中获益匪浅。

传播与传媒，古便有之，可真正被精准定义以及提炼出规律逻辑，则需要追溯到数百年间商业力量的崛起。在商业异军突起的年代，传播职责日趋扮演商业价值流通过程中的重要角色；与此同时，不断进步的科技，也同步改变着传播方法、内容、路径、载体等诸多要素。

与所有读者一样，当我们有幸生活在一个奔腾的传媒进化年代时，每一位现代人都无法规避两重效应：其一，在越来越发达的科技作用力下，能享受传媒体验提升带来的感触；其二，正因为环境的高速变化，提炼与解析传媒领域的规律变得极其困难。

感谢本书作者，从传媒产业的传统与发展入手，深入浅出剖析传媒的本质，进而载入实务解析法则与实例。这是一份“由理入道，再由道入术”的文笔历程，相信也是作者多年从业经验的智慧结晶，尽现“见山是山，见山不是山，见山仍是山”的行文风采。

长久以来，传媒出版物市场一直存在着案例堆砌现象，读者阅读时，看似精彩纷呈津津有味，实则无法解析出作者对现象背后的逻辑态度。而本书截然不同，阅读过程中，相信很多读者会与本人一样，能感受到缜密而连贯的逻辑环环相扣。作者以扎实的研究分析视野，为传媒出版物市场带来一份截然不同的优秀答卷。

好的出版物，值得一遍一遍又一遍地反复阅读，每一次咀嚼都能品味出不一样的味道。本人在阅读本书时，便有此感。或有感悟，或有暂惑，合卷数小时再翻至中止处，豁然开朗。好书如茶，品不出荡气回肠，却品得出余味数转，精彩之处，可意会，难言传。

最后，代表传媒行业诸多同人，感谢作者带来的精彩作品。相信传媒行业在所有从业者群策群力下，将变得越来越好！

顺为互动执行总裁
数字营销委员会常务副秘书长
ECI数字商业创新委员会执委
中国传媒大学客座教授

前　言

哪怕是一片美丽的树叶，被放在一台机器旁边，也能启发一些人产生联想，产生一些特别的感觉，于是，它就有了影响人的认知的作用，它就是传媒了。

传媒，是承载和传递信息的媒介，它可以减少人们认知的不确定性，影响人们的认知和行为。

市场经济社会，传媒通过影响社会人的感官，进而影响心智，建构起人与产品的关系，从而实现产品的客户价值的提升。传媒传递信息，引导价值认知，从而在传递过程中产生价值。

因为有着影响人的认知和行为的作用，所以传媒就成为商品经济时代人们获取利益与实现价值的重要工具之一。

在商品经济时代，商品概念所涵盖的物质、信息和劳务形态越来越宽泛，越来越多的事物和体验过程都可以成为商品，但商品形态的发展并未改变商品的本质，即由商品创造者所决定的商品本质——追求商业价值(市场价值)的最大化，一切生意都是实现这个价值的过程。

商品价值实现在终端，从创造端到终端之间，必须实现超越产品成本的增值，越多越好。参与完成这一过程的，除了营销人，就是传媒了。

除了特定的社会责任和公共义务，传媒也有商业价值的承载、传递和提升作用。本书所探讨的，就是传媒传递和提升各种产品或商业行为的市场价值的作用、过程与规律。

从社会发展而论，传媒大致经历了两个时期：专业时代和生态时代。

前者是以社会人的一种事业、职业的形态而存在，既有其自身的意义，也有其养活人的谋生作用，如报纸广播电视网站、灯箱车身广告牌等，因其专业化，必有规范性，也就有了法规制度，有了行业机构，有了传媒大学。

后者是以社会人的一种生存形态而存在，是以成为普通大众生活构成的内容而存在，是在互联网出现，尤其是在移动互联网普及以后，因其自发性、便利性而成为所谓自媒体，也就形成了“互联网意识”中的“去中心化”特征。

现代社会里，有以传播事实和观点为主要任务的传媒，也有以传播商品价值为主要任务的传媒。本书并不着力于研究新闻传媒和传媒的新闻功能，而着重研究：

现代传媒对于社会人消费行为的影响作用，对于商品价值的承载、传播和提升作用及其规律；

媒介运营的规律与绩效；

媒介投放的形式，包括广告投放、文案宣传、消息告知等。

为什么要进行媒介投放？其中有一个递进的关系：提高品牌知名度>消费者产生印象—产生新客户>加强印象—维系老客户>更有效率地满足客户需求。

但是，最终目的还是提升销售。

在新时代，除了商业方面的物化、量化价值，传媒也在颠覆和塑造着社会关系、人际关系、组织关系。人是一切社会关系的总和，而传媒改变了越来越多人的心智、认知和关系状态。正确地认识传媒、运用传媒，是传承和提升创新文化自信、构建中国特色社会主义和谐社会必不可少的重要能力。

王树柏

2019年1月

目　录

第一章

传媒认知与历史

马克思说，人是一切社会关系的总和。关系，决定了作为社会人的存在价值。人在人群中的影响力决定了其社会存在感。在人的影响力的社会实现过程中，具有传递、增减乃至倍增作用的工具，被概括为“传媒”的客观存在，就显得举足轻重。

站在目的和作用的角度，传播媒介是传递和增减人或组织影响力的工具，所以，正确了解和把握传媒的运营，实现正向价值，就成为商业经营者和公共管理者的必修课。

一、定义上的“媒介”

在汉语中，“媒介”一词最普遍的意思是居中介绍。媒，名词，是指人以及相应的物，更确切地说是一种角色，是中间介绍人、推荐者，或者引导者；介，动词，是需求双方以及中间角色三者之间有目的、有意图的行为，这里的需求双方，既可以都是人类，也可以一方是自然、一方是人类，比如某人需要了解、预测天气情况，那么天上浓厚的乌云，就是一种媒介。

自古以来交流、交换就是人类的社会属性，所以“媒介”并不是一个现代词语。按《词源》记载，“媒介”作为词语，最早见于《华阳国志》所描述的四川广汉人士“因媒介求之”，《旧唐书·张行成传》则强调：“观古今用人，必因媒介。”可见，“媒介”的存在是和人类生活密不可分的。

一切皆可交换，是人类社会商业化发展的重要标志之一，就是所谓市场经济或称商品社会。今天的世界比起过去，人与人之间有了更多的不同需求的交换，包括物质的和情感的交换、交流，所以，今天的“媒介”概念范畴就有了更加宽泛的含义。

既然是社会人、社会生活不可或缺的客观存在，“媒介”一词的意义在英语中或者在拉丁语里，也都有不少单词，相近相似，其中用得最多的是大家熟悉的“media”。这是“medium”的复数形式，最早大约出现于19世纪中期，当时在商业经济最发达的伦敦街头，佩戴标志或散发传单的儿童被人们称为“广告媒介”。在第一次世界大战期间，当时最强的国家之一——英国的一些广告机构开始专门设立“媒介部”，在商业活动中比较、挑选各种合适的、有效的传播媒介，将各类商务广告信息传播给他们的“顾客”。后来，传播公司的专业人员便称自己在从事“媒介业”。

而拉丁语的“媒介”——medius一词，原意是“处于中间的”“一般的”“不偏不倚的”，它的替代形式medium，则是泛概念的“中间”“中心”“公众”“日常生活”“人类社会”等。“媒介”作为一种被公众普遍接受的学科语言概念，到20世纪60年代末，那时的社会生活中，包括传统的大众传媒——报纸和新兴的广播与电视，都已经成为一种占据人类社会生活主导地位的人造物，公众日益感受到它们对于人类社会生活的重要影响力，逐渐形成了“传媒改变生活”的共识。因而，媒介一词就成为社会人日益关注的重要词汇。[①]

作为专业人士，我们把关注范围相对缩小，在传播学范畴，媒介被定义得更加抽象，更加突出作用性与目的性；在各种专业教材里，其较多的定义如下：

作为社会(规范)系统中的有机组成部分，媒介告知民众发生了什么，并知晓发生了的“事实”的意义和作用；媒介提供了一个公共的互动平台，对于现代社会管理的稳定与发展起到了十分重要的作用。

在这个基础定义上，有三点需要强调。

首先，传播媒介有别于传播符号。

---

① 媒介[EB/OL]. 百度百科，[2018-03-20]. http://baike.baidu.com/link?url=yeMedDGe0yIg-3ZAAKmz4YrEmgWUWe_LllAI2o8iHQZMOofcRULKOQS4s68FaeW5-SWqNSBEXw4CkvfMf2FMp1-iBgdSY489OPvH0XvySTq.

符号是指表达或负载特定信息或意义的代码(如语言、文字、图像等)，而媒介是指介于传播者与受传者之间，用以负载、扩大、延伸、传递特定符号的物质实体。作为一种代码或手段，符号反映了人对事物认识的过程和信息表达的逻辑特点，因此往往具有抽象性、有序性、思维性和意识性等特点。作为一种物质实体，媒介反映了物质和能源的本身特点和存在形貌，如石碑坚硬、纸张薄软、大喇叭粗犷、电视机精致……它们都有形体、有重量、有尺寸，可移动、可保存、可毁坏。信息与符号、符号与媒介之间的关系，犹如毛与皮的关系。

其次，传播媒介有别于传播形式：传播媒介体现的是物质性，而传播形式体现的是目的性和过程性。

传播形式是指传播者进行传播活动时所采用的作用于受众的具体方式，如口头传播形式、文字传播形式、图像传播形式和综合传播形式等。在文字传播形式中，人们可以运用书籍、报纸、杂志、传单、小册子等媒介进行信息传播。一种传播形式可以动用不同的媒介，而一种媒介也可以服务于不同的形式，如电视就可以显示这一功能。但传播形式表明的只是传播活动的状态、方式和结构，而传播媒介显示的却是实实在在的物体。

最后，传播媒介不同于传播渠道。

“渠道”一词的意思，汉语词典的解释是：“在河、湖或水库周围开挖的排灌水道；或者引申比喻为门路或途径。”那么，如果流的不是水，而是信息流，此渠道也就专指传播过程中，传播和接受信息的双方进行沟通和交流的各种形态的通道，如人际传播渠道、组织传播渠道、大众传播渠道等。

不同的信息传播流动渠道，必然要与不同形态的传播媒介相匹配，而不同的传播媒介又对不同的传播渠道进行定型。例如，人际传播渠道如果是人与人面对面地交流，就决定了彼此只能使用人体器官媒介(如：发射媒介——嘴与面部肌肉，接收媒介——耳、眼等)，加上光线与空气媒介进行信息交流。但是，传播者发布的信息一旦通过广播、电视等大众传媒工具进行传播，就成为大众传播渠道了。人际传播媒介可以随意进入各种物质形态的传播渠道，并与其间的特定媒介、工具配合使用，而不会改变其渠道形态，但大众传播媒介则完全不同。[①]

1 媒介、媒体、传媒

《辞海》中指出，媒介是“使双方发生关系的人或事物”；

在物理学上，媒介是一种“介质”，如水是导电的媒介；

生物学意义上，媒介意为“载体”，如空气是传播疾病的媒介；

而在文化层面上，媒介体现出一种无形的纽带关系，如丝绸、瓷器是将中华文明传播到西方的媒介。

媒体是媒介载体的简称，几乎与媒介的概念等同，只是媒介一词的内涵在更多学科领域要比媒体一词更为宽广。

传媒是传播媒介的简称，也就是从传播学的范畴去定义“媒介”，显然区别和分离了其他范畴内的“媒介”意义。传播学中的传播媒介，指的是人类传播过程中承载和传递信息的有形和无形物体，是连接传、受双方的中介物。它可以是自然物，也可以是人造物，可以是单一的物体，也可以是一系列物体的组合，是面向社会公众或特定人群进行开放性传播的媒介，比如书籍、报纸、杂志、广播、电视、电影、互联网、手机等。因此，传媒一词主要有两层含义：

一是指具有承载信息传播功能的物质；

二是指从事信息采集、制作、加工和传播的社会组织，即传媒机构，譬如电视台、报社等。[②]

媒介与媒体的区别在于：媒介可以是所有物体，人也可以被称为媒介，但是媒体只是媒介的一部分物质形态。

---

① zhongyang728. 广告传播媒介 [EB/OL]. 百度文库，[2011-12.21]. https://wenku.baidu.com/view/2da3240af12d2af90242e667.html.

② 媒体[EB/OL]. 搜狗百科，[2017-08-24]. https://baike.sogou.com/v97578.htm?fromTitle=%E5%AA%92%E4%BD%93.

2 传媒的划分

(1) 传统媒介与新兴媒介

时间，历来是人们划分和区别事物的重要依据，因为这往往体现着人类社会的综合发展，所以在对传播媒介的划分上，也遵循惯例，首先被分为传统媒介和新兴媒介。所谓传统媒介，主要包括报纸、期刊、广播、电视、出版物、电影等，主要具有以下特点：

传统媒介属于单向度的传媒。如报纸作为印刷媒介，从它诞生的那一天起，就是由传播者向受众进行单向的传播，而对于广播和电视受众在接收信息之后，也少有机会参与信息处理。

传统媒介属于传播有限量信息的传媒。如报纸、期刊等印刷媒介都受到版面的限制，而广播和电视，在一定时间内，每个频率和频道也只能传播有限的信息。

综合分析，传统媒介是顺应了社会化大工业时代的大众传播的需求特点，强调覆盖传播力，但在越来越个性化的现代文明社会，传媒必须适应现代人差异化、小众化的传播需求。

所谓新兴媒介是以科技进步为依据，其时间分界大约是20世纪和21世纪的交汇点，这个时期是伴随着卫星通信、数字化多媒体和计算机技术、移动互联网技术等现代科技发展而出现的，是新型的传播媒介系统，主要包括以互联网为代表的第四媒介，以智能手机为代表的第五媒介，以及楼宇电视、交通工具移动电视媒介等。相比于传统媒介，新兴媒介主要具有五大特点：①显著的双向互动性；②多媒体、多元化的传播方式；③信息量巨大；④即时性传播；⑤全球化传播。

任何事物都有两面性，相比传统媒介，新兴媒介也存在着一些弱点，比如公信力较弱，信息垃圾较多，并且可能存在个人信息安全问题等。

以目标为导向，工具的互补才能趋近完美，传统媒介必须与新兴媒介积极融合，才能达到理想的传播效果。适应环境、引导目标，传播主体必须以积极的心态面对新时代的科技和文化挑战，注重新技术的应用与整合，重视公众心理的变化与影响，加强传媒的顶层管理和社会引导，形成积极、正向的商业模式和传媒业态。

(2) 主流媒介与非主流媒介

主流媒介是指特定范围的人群(如某一国家、地区、组织、空间)用来进行信息沟通和信息传播的主要工具或手段，如报纸、杂志、书籍、广播、电视、电影、互联网等一系列能迅速、广泛传送信息的各种技术系统、社会设施。

主流媒介的典型特点：①依靠主流资本；②面对主流受众；③主流表现方式；④体现主流观念；⑤享有较高的社会声誉。

非主流媒介在有限范围内传输，具有个体性、针对性和小众性等特点，是对主流媒介进行补充的信息来源，如有线电视专业化频道，个人座机电话、移动电话，内部组织编辑发行的小报、杂志，内部交流的会员资料，配合特定主题内容编制的文案、影集、画册或宣传手册，海报、宣传品、横幅、彩旗等。[①]

(3) 被动媒介与主动媒介

被动媒介是指需要受众选择接触才能产生传播效果的媒介，是被主导的信息媒介，例如报纸杂志、广播电视、网站网页等大多数传统的传播媒介。这些媒介在传播过程中本身是被动的，处于等待被选择的状态。

主动媒介是指受众即是信息源，所有的参与者(连通者、在线者)既是传播者也是发送者，但都是主动者。主动媒介是对传统传媒的一种革命性颠覆，依靠移动互联网技术，真正实现了“媒介即信息”，每个人就是一个信息的载体和媒介，既是信息的接收者也是信息的发出者，不再被动受限。

被动媒介是专业媒介，依靠专门的机构制造和运营，是点到面的传播；而主动媒介是自媒体，依托一个平台，是点到点的传播。

---

① 主流媒体[EB/OL]. 百度百科，[2018-08-11]. https://baike.baidu.com/item/%E4%B8%BB%E6%B5%81%E5%AA%92%E4%BB%8B/8080221?fr=aladdin.

二、传媒形态与发展

人类生存离不开多样的信息沟通和需求交换，信息的传递与传播是人类社会化生活的必需，传播媒介就成为人类的重要劳动工具之一。

那么，古代的人类是如何传递信息和影响力，通过什么来吸引他人的注意力的？世界科技与经济发展到2019年时的媒介投放又是如何的？沿着时间脉络上的人类发展进步之路，我们可以看到传媒形态的演变与发展。

1 人体传媒——肢体语言与口头语言

受工具之限，古时的对外信息传播，纯粹是靠口碑相传，即以人作为传播媒介。口碑以外的首则商业广告，外国历史学家普遍认为是在古罗马庞贝城遗址内发掘到的实物传媒广告。

我国是世界上最早出现广告传播、传媒的国家，早在西周时期便出现了音响广告。《诗经·周颂·有瞽》“箫管备举”诗句，汉代郑玄注：“箫，编小竹管，如今卖饧者吹也。”唐代孔颖达疏解：“其时卖饧之人，吹箫以自表也。”可见西周时期，卖糖食的小贩就已经懂得以吹箫管之声招徕生意，这种广告形式直到现在的城乡街头，依然可见。

之后出现的是“悬帜”传媒，《韩非子·外储说右上》这样描述：“宋人有酤酒者，升概甚平，遇客甚谨，为酒甚美，悬帜甚高。”这大概是我国酒家和酒旗最早的记录了。酒店开设在固定场所，为了招徕顾客，抛出一面酒旗，这也就是吸引主顾的广告形式。这种形式后来一直被沿用，如唐代诗人张籍就有“高高酒旗悬江口”，大诗人杜牧有“水村山郭酒旗风”等诗句。古典小说《水浒传》里也有这样的细节描绘：“武松在路上行了几日……望见前面有一个酒店，挑着一面招旗在门前，上头写着五个字：三碗不过冈。”《元曲·后庭花》中的“酒店门前三尺布，过来过往寻主顾”，不但说明了酒旗的尺寸，还说明了酒旗的作用。

除了酒旗外，其他行业也有各种标志性的广告传媒。据东汉时期的《后汉书·方术列传·费长房》文中说“市中有老翁卖药，悬一壶于肆头”，就是用葫芦作为药铺的象征性标志，悬挂街头或药铺的门前。这里的“悬旗”“悬壶”给人以非常醒目的视觉效果，用现代话说，就是“招牌广告”。

口语是人类传播所使用的第一个媒介，口语传播时代也就成为人类传播历史上的第一个发展阶段；文字是人类传播史上的第二座里程碑，这个阶段从文字的发明延续到印刷术的兴起，是继语言之后的第二媒介。[①]

2 实物传媒——包装、赠品等

从远古时代到我国北宋的毕昇发明活字印刷术，到1450年德国的约翰内斯·古腾堡发明现代印刷的原始广告，这一时期的传媒只能是手工抄写，数量有限，传播时空也有限。在古希腊古罗马时期，一些沿海城市的商业也比较发达，广告已有叫卖、陈列、音响、文图、诗歌和商店招牌等多种形式，在内容上有推销商品的经济广告、文艺演出、寻人启事等，还有用于竞选的政治广告。在2000年前被火山爆发所掩埋的古罗马庞贝城，经考古发现，在纵横交错的街道建筑物的墙上和柱子上，刻满了各种广告文字和图画。在官方规定的广告栏内，还发现了有候选人的竞选广告。

标牌也很常见，据考证，商店的标牌广告起源于公元前5世纪至公元前2世纪的以色列、庞贝和希腊、罗马。以招牌和标记把不同的行业划分开来，使人一目了然。这便是早期的传媒形态和功能，此时古代中国社会的传媒、广告发展已经非常普遍成熟。

3 印刷传媒——纸前印刷、纸张印刷、非纸印刷

我国北宋的毕昇最先发明了活字印刷术。最早的工商业印刷是北宋时

① 1047337303. 02. 第二章 广告发展简史[EB/OL]．百度文库，[2010-11-30]. https://wenku.baidu.com/view/62d4904acf84b9d528ea7ac8.html.

期(公元960—1127年)济南刘家针铺的广告铜版，现存于上海博物馆，这是至今发现的世界上最早的印刷广告物。印刷术从中国传到西方后，使西方的文化传播与广告活动进入新的阶段。

1450年，德国人谷腾堡发明了铅活字印刷术。从此，西方步入大规模工业化印刷传播时代。1473年，英国第一个出版人威廉·坎克斯印刷了许多宣传宗教内容的印刷广告，张贴在伦敦街头，这是西方最早的印刷广告，比中国晚了三四百年。

1622年，英国人尼古拉斯·布朗和托马斯·珂切尔创办了第一份英文报纸《每周新闻》(*Weekly News*)在伦敦出版。美国1704年4月24日创办的第一家报纸《波士顿新闻通讯》(*Boston News Letter*)上，就刊登了一则广告商们推荐报纸的广告；本杰明·富兰克林1729年创办的《宾夕法尼亚日报》，把广告栏放在创刊号第一版社论的前头，首次刊登的是一则推销肥皂的广告。1706年，德国人阿洛依斯·重菲尔德发明了石印，开创了印制五彩缤纷的招贴广告的历史。在发行报纸的同时，杂志也陆续出现。世界上最早的杂志是创刊于1731年的英国杂志《绅士杂志》。

1850—1911年，世界上有影响力的报纸相继创刊，如英国的《泰晤士报》和《每日邮报》，美国的《纽约时报》，日本的《读卖新闻》和《朝日新闻》，以及法国的《镜报》等，当时所有报纸的主要收入来源都是广告，工厂企业也利用这个媒介来推销产品。

在19世纪末，西方已有人开始进行商业传播理论研究。美国人路易斯在1898年提出了AIDA法则，认为一个有商业目的的传播，譬如广告，要引人注目并取得预期效果，在对受众的影响过程中，必须完成引起注意(Attention)、产生兴趣(Interest)、培养欲望(Desire)和促成行为(Action)这样一个递进程序①，以达到促进认知、促成购买的目的。因此，学术界一致认为，在19世纪末，广告传播已成为一门独立学科。

传统传播的两大媒介——纸张和印刷机，都是在文艺复兴前后出现于欧洲。现代文明与印刷媒介的相互作用使整个社会信息系统的运动变得更加活

① johnson728. 世界广告发展史 [EB/OL]. 媒体资源网，[2010-05-13]. http://club204.allchina.cn/communication/showtopic-45825.html.

跃。在印刷传播时代，人类传播活动的一项显著进展就是新闻事业的兴起。

从某种意义上讲，大众传播是与印刷媒介同时产生、历时发展、共进共演的。

印刷媒介主要属于大规模复制呈现的大众传播手段，如报纸、杂志、图书、传单、招贴、海报等，具有便携性和易存性，受众也拥有较大的主动权，可以自由选择。这已经开始适应分众化的发展趋势，能够满足不同受众的兴趣和要求，因此也在日益向小众化的方向发展。

印刷媒介的主要缺点是时效性不强，不能像电子媒介那样进行现场报道。印刷媒介的形成必须经过一个制作周期，受到物理环境等的限制；另一个显著缺点是，印刷媒介的使用需要受众具备识字能力，因而受到教育和文化程度的制约，文化程度较低的人无法或不能充分使用印刷媒介。

4 光电传媒——电影电视、灯箱投影等

这是商业传媒与现代传播活动走向成熟的时期。19世纪末20世纪初，资本主义从自由竞争走向垄断，使海外市场的开辟成为现实。这刺激了经济和科学技术的发展，也促进了商业目的导向的传媒产业的发展，具体体现在广播、电视、电影、录像、卫星通信、电子计算机等电信设备的发明创造上，传媒进入电子技术时代。

世界上最早开办广播电台的是美国，1902年第一家领取营业执照的广播电台——匹兹堡西屋电器公司的商业电台开始播音。继美国之后，其他国家也相继建立了广播电台。这些电台都设有商业节目，主要播放广告。20世纪30年代，英国广播公司在伦敦设立了世界上第一座电视台。美国在1920年开始试验电视，但在1941年才有商业电视正式播出，50年代首创彩色电视，集语言、音乐、画面于一体，成为当时最理想的传播媒介，因而在其后的广告业中独占鳌头。[①]而在此期间，广告业的发展还直接促进了电子传播媒介的发展与应用。

---

① johnson728. 世界广告发展史 [EB/OL]. 媒体资源网，[2010-05-13]. http://club204.allchina.cn/communication/showtopic-45825.html.

所谓电子媒介是指需要运用专门的电子接收和发送设备来传播信息的传媒，它以物理波的形式传播声音文字图像，运用专门的电气设备发送和接收信息。电子媒介对人类社会产生了重大影响，电子媒介的出现是社会发展与科技进步的综合产物，其优点显著：

① 即时性。可以在突发性事件发生时同步进行报道，传播速度快。

② 跨时空性。覆盖面很广，突破时间与空间上的限制，把信息及时传到四面八方。

③ 亲和力强。对受众具有较强的接近性，通过口头语言、音像传播，传播形式生动。

④ 真实感强。符号多样化，视听兼备，受众可以同时接收到不同符号的信息，从而产生相应的特殊参与感。

⑤ 易接受性。不需要很高的识字能力和文化水平，适应各种层次的受众，相比于印刷媒介更容易对大众进行普及教育。

⑥ 影响力大。受众对电视、电影等的接触是在家庭或小群体中进行的，因而对各种小群体的影响十分巨大。

电子媒介也有不足之处，主要表现在：缺乏便携性、易存性等。

在以电子传媒主导开创的电波传播时代，人类开始实现了信息的远距离快速传播，传遍全球，甚至可传递到外太空。

5 数码传媒——电脑、网站、手机等

20世纪后半叶，计算机互联网和多媒体技术得以应用，宣告数字媒介时代的到来。

数字媒介主要是指多媒体电脑和网络，其优点更加显著：

数字化、多媒体、适时性、互动性、全球化、人性化和智能化。

数字媒介具有交互式传递的独特优势，传统媒介的受众必须主动接触这个媒介才能接收到信息，单向传播导致互动性不好，信息传送目标不确定，因而接收效果无法有效控制；同时，接收信息也受到设备的限制，接

收过程不是很方便。而互联网是无数新闻信息和娱乐来源的数字渠道，数字媒介上的信息具有丰富多样的特征，其全球自由交互的特点使得受众接收方便，并能进行选择和反馈。

电脑与网络真正实现了信息全球化、文化全球化和传播全球化，因此也加快了世界历史的发展进程，第一次构建了超越地域限制和意识形态束缚的全球传播网，使不同国家、不同地区、不同民族、不同文化中的人，可以在共时状态和同一平台相互交流和沟通。

数字媒介的界面更为人性化，本身也具有智能化特征，能更好地领悟人的指令和要求，从而作出反应。

新兴媒体与数字传播时代，人与人、人与物、物与物之间的互动大大加强，交流的方式多元化。

6 大众传媒与分众传媒

面对越来越多的信息，人们的注意力被极度分散，于是受众的选择显得越来越重要。

传播按目标受众面的宽窄与特征，可分为大众传播和分众传播；媒体依照传播的方式可以分为大众媒体和分众媒体。分众媒体是相对于大众媒体而言的，媒体传播信息面对特定受众。当传播内容能够满足人们的动机和需要，并能够带来愉悦的心理和生理体验时，人们的注意力就会指向和集中到这些内容上来。

分众传播自20世纪末以来，随着信息传播技术的飞速发展，特别是互联网的逐步普及呈现多样性。“第四媒体”的兴起打破了报纸、广播、电视“三足鼎立”的态势，形成“万舸争流”的局面。网络媒体实现了个性化的传播服务，使“广播”(broadcasting)向“窄播”(narrowcasting)转化成为可能。

面对大量的信息，人们要正常地工作和生活，就必须选择重要的信息，排除无关的信息。在这个选择的过程中，人的动机、需要、情绪、情感等因素都会起到相当重要的作用。由于个体的动机和需要不尽相同，于是就有了分众传播的必要。

窄播的形式可分为两种：一种是点对面式的传播，如专业电台、单选频道；另一种是点对点式的窄播，如音频点播、准视频点播、交互电视等。由广播走向窄播，由单向性向双向性过渡，从哲学的角度看，这体现了一种“去中心主义化”的趋势。窄播和电子传媒相结合，可以推动新型社会文化的生成。

在现代传媒领域，市场营销中的“分众”概念早已深入人心，“分众”型媒体也已经成为新型媒体的潮流。所谓分众传播形态，是在高流动性为特征的现代社会，建立以移动人群为服务对象的整合媒体平台，即LBS(Location Based Service，基于位置的信息服务)。

分众传媒的宗旨：构建中国领先的LBS媒体平台，覆盖中国200多个城市，基于地理位置进行相对针对性的信息和广告投放。

主要形态：上下班—公寓楼海报，工作—写字楼电视，娱乐休闲—商场购物，娱乐—影院映前广告，日用采买—卖场电视。

通过海量数据分析(淘宝数据包、国内最大的楼宇信息数据库、百度数据包等)定位楼宇人群的行动消费偏好，实现广告的精准推送：商圈、楼价、住户类别、消费偏好、出行路线、搜索内容。

媒体资源介绍：楼宇电视，覆盖全国16个重点城市高端楼宇。

媒体位置：电梯内或电梯等候厅内；停车场电梯出入口；单个套装每天滚动播放60次。

播放内容：大屏品牌形象，新品发布电视广告；小屏产品具体功能、卖点等理性诉求，促销信息，赞助活动等告知。

覆盖经济最活跃的38个城市：

北京、上海、广州、深圳、成都、杭州、南京、重庆、天津、武汉、长沙、青岛、沈阳、济南、苏州、昆明、厦门、长春、石家庄、东莞、福州、西安、大连、郑州、哈尔滨、贵阳、合肥、温州、宁波、珠海、中山、太原、泉州、佛山、兰州、烟台、惠州、鄂尔多斯。

楼宇受众分析：分众楼宇电视受众集中在25～45岁，月收入3000元以上，每日接触楼宇电视2.6次以上，平均每次接触时长2.5分钟。

现代社会人群媒体接触习惯改变：资讯模式的改变，主动搜寻由电视、平面类媒体向新兴的移动互联网、社交平台等转化；生活轨迹的改变，生活空间由单一化向多元化、碎片化转变。

楼宇电视的媒体效果——CPM(广告千人成本)。一线城市楼宇内液晶电视媒体单个广告投放的千人成本，相对于当地最优卫视频道的CPM，具有一定的成本优势，尤其是在当地中高端收入的人群中优势愈加明显。

楼宇电视的发展趋势：

① 分众的发展——广告的内容化/娱乐化：客户制作的微电影，商业赞助的电视栏目、演唱会等，或是公关活动的片花，皆可剪辑成视频短版本，在楼宇电视高频次提示收看。

② 移动互联、无线网络接入，以及LBS，即通过电信移动运营商的无线电通信网络或外部定位方式，获取移动终端用户的位置信息，在平台支持下，为用户提供相应服务的一种增值业务。

7 传媒环境的改变

(1) 主流人群逐渐疏离传统电视

(2) 互联网上无用信息太多且消费者忽略广告

主流人群媒体习惯的巨变，微博/微信/新闻客户端占据主流受众更多的时长，用户是在看内容而不是看广告。

网络硬性广告缺乏引爆品牌的能力，应该软化，做内容、做公关、做话题。

网络视频能覆盖主流人群，但主流人群一年往往就看几部剧。

入口太多，内容节目太多，必须赌对几部剧，否则很难被关注。

几千万主流用户看热剧还送VIP，一次看完免除广告，真正靠网络视频引爆的品牌是稀少的。

(3) 框架媒体起着举足轻重的作用

当前，中国有15%的城市人口属于高收入阶层(不包括超高收入人群)，尤其在北上广深一线城市，这些人群大多居住在档次较高的公寓，电梯是必经之路。在电梯里的10秒钟，他们只能看广告，即便在打电话时也不例外，足见电梯里静止的平面广告被关注的程度之高。

就广告效果而言，据测试，在电梯环境中静止的画面效果更好一些，只需两秒钟就足以看清楚广告内容。更何况，精致的画面制作对信息传递起着良好的促进作用，更加深了受众对广告的接收与记忆，为广告效果提供了保障。框架媒体广告效果分析，如图1-1所示。

锁定目标消费者

■消费最活跃的年龄段，25～50岁人群占比78%

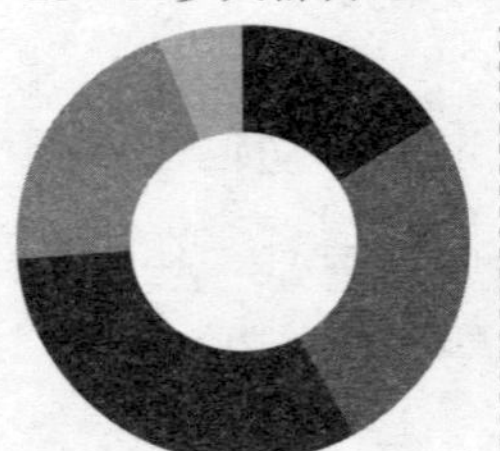

■25岁以下 ■25～30岁 ■31～40岁 ■41～50岁 ■50岁以上

■最具消费力人群，家庭月收入一万元以上的人群占比67%

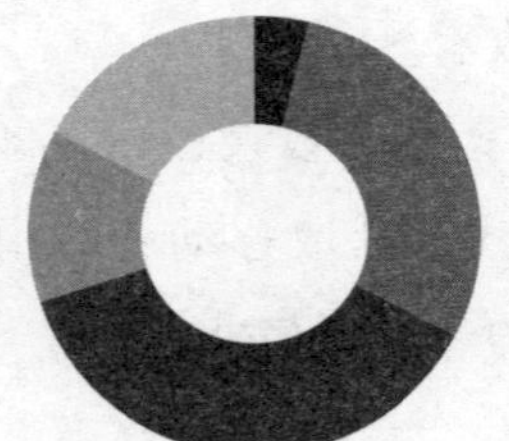

■5000元以下 ■5000～9999元 ■10 000～14 999元 ■15 000～19 999元 ■20 000元以上

■高素质人群，学历在大专以上的受众占比70%

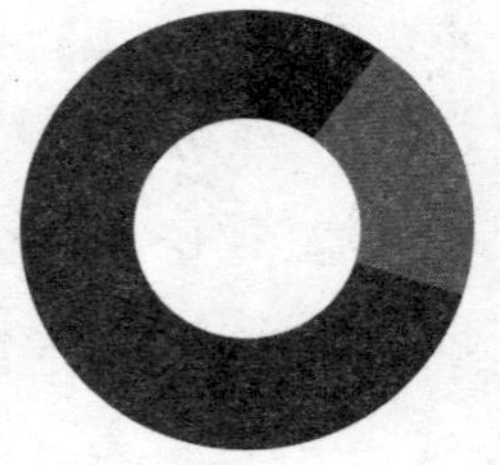

■初中及以下 ■高中/中专 ■大专/本科及以上

高关注度媒体

■平均每天接触4.3次框架电梯海报

• 乘坐电梯次数分布(%)

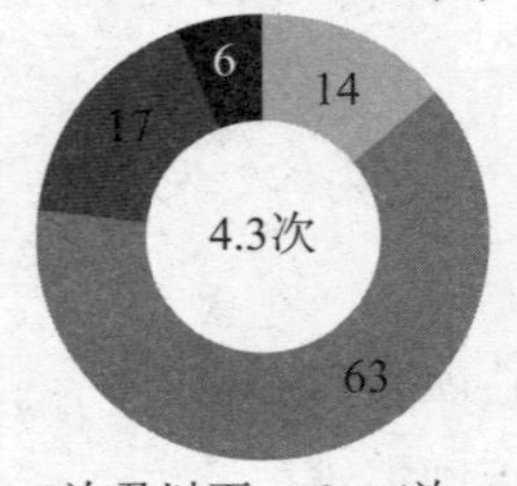

■2次及以下 ■3～4次 ■5～6次 ■7次及以上

■每次乘梯平均1分钟，每天平均乘梯4.3分钟

• 每次乘电梯时长分布(%)

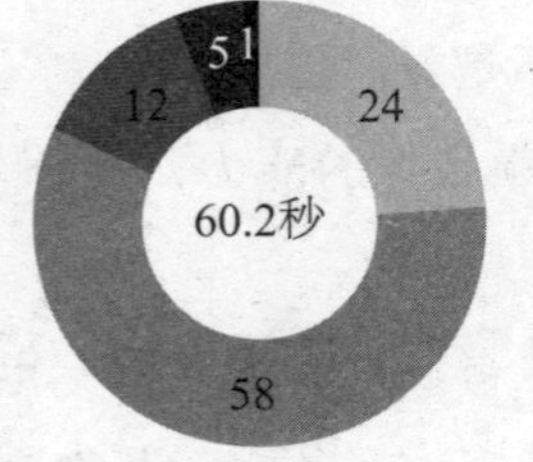

■30秒以内 ■31～60秒 ■61～90秒 ■91～120秒 ■120秒以上

■五成以上受访者会仔细阅读广告内容

• 广告观看的仔细程度

不管什么广告内容，都会仔细看+会仔细看和自己相关的广告品牌

观看仔细程度

图1-1 框架媒体广告效果分析

高覆盖、高到达：框架覆盖了一、二、三线城市中有电梯的公寓楼的70%，辐射了市区有消费力的主流人群。

高关注度：框架出现在电梯内狭小的、没有干扰的空间内，受众无法回避它的存在，广告关注度超过80%。

目标受众广告千人成本低：框架广告的千人成本与报纸及户外相比占有一定优势，且框架可按档次和商圈等作选择，所以目标受众成本更低。

影响改变能力强：框架处在离家和回家的起点与终点，固定时段高频次接触，且每次接触时长超过30秒，一周累计5～7分钟，广告回忆率高，信息阅读充分，对产品理解深、购买推动影响大。

实践证明，整合的网络化经营更受欢迎。同其他户外媒体一样，网络化在框架媒体的经营中起着举足轻重的作用，无论对客户还是媒体公司都是如此。框架媒体精准定位工具(FPS)，如图1-2所示。未来，框架媒体规模还会逐步扩大。框架媒体从高端用户切入，由于客户需求的多样性，会向各个层面推进。

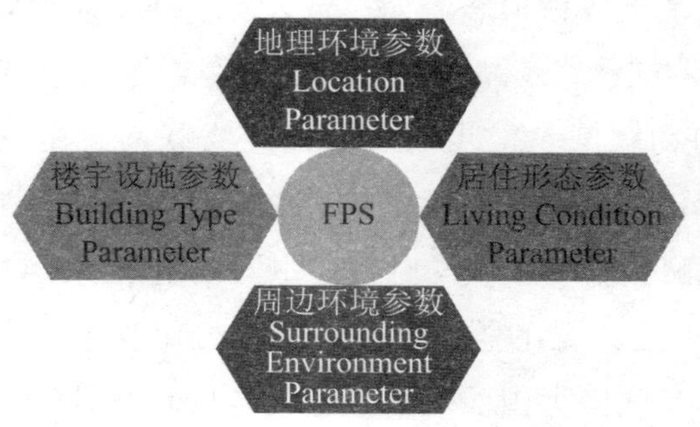

	一级参数	二级参数
FPS楼盘身份证	地理环境参数 Location Parameter	• 楼盘名称、所在城市、所在城区、楼盘地址
	楼宇设施参数 Building Type Parameter	• 楼栋数量、门洞数量、电梯数量、媒体位数量、地上车位数、地下车位数、总户数、楼盘价格、楼盘物业管理费、最低(高)层楼数
	居住形态参数 Living Condition Parameter	• 社会受众、社区居住规模、入住率、社区入住时间、社区类型
	周边环境参数 Surrounding Environment Parameter	• 医院、药房、学校、银行、证券公司、保险公司、餐饮、酒店、宾馆、日用品大卖场、超市、便利店、家电大卖场、建材大卖场、电脑大卖场、手机专卖店、珠宝首饰专卖、服装专卖、化妆品专卖、书店、体育场、加油站、电信、邮局

图1-2　框架媒体精准定位工具

8 万物皆可为传媒

高速发展的互联网时代，其创新层出不穷。世界互联网领域的领军人物们，提出了万物互联的构想。

物联网其实是互联网理念在其他电子电器世界的延伸。互联网的终端是计算机，移动互联网延伸到手机等移动电子产品。我们运行的所有程序，无非是计算机和网络中的数据处理和数据传输，没有涉及其他终端(硬件)，而无数的应用电子电器的物体，技术上都存在着关联控制的可能性。将人、流程、数据和其他事物结合在一起，可以使得网络连接变得更加相关，更有价值。

物联网的本质还是互联网，只不过终端不再是电脑、手机，而是嵌入式计算机系统及其配套的传感器。这是计算机科技发展的必然结果，为人类服务的计算机呈现出各种形态，如穿戴设备、环境监控设备、虚拟现实设备等。只要有电器硬件或产品连上网，发生数据交互，就叫物联网。

移动互联网向物联网延伸步入发展期。物联网就是物物相连的互联网，其核心和基础仍然是互联网、电子产品，是在互联网基础上的延伸和扩展的网络。互联网和移动互联网时代，中国诞生了以BAT(百度、阿里巴巴、腾讯)为代表的巨头。在全球十大互联网公司当中，中国占据四位，已成为名副其实的互联网大国。然而，新一轮的信息革命已经开始转向物联网。

物联网包含甚广，在庞大的产业中如何找准定位显得尤为重要。微软、思科、伊莱克斯、通用电气、英特尔、高通、三星等多家科技巨头联合宣布成立“开放互联基金会”(Open Connectivity Foundation，OCF)，期望整合各立山头的物联网标准。2017年是基于蜂窝的窄带物联网(Narrow Band of Things，NB-IoT)规模化商用元年，而虚拟现实技术的发展，智能穿戴设备的研发，媒介技术的突飞猛进，乃至新的材料科技的支撑，这一切为人类未来的社会生活画面增添了许多想象的空间。

三、传媒价值链的构建

在中国，传媒产业正处于第二个“黄金十年”。2017年中国传媒产业总规模达1.896 67万亿元，较上一年同比增长16.6%，预计2020年有望突破3万亿元。

截至2017年12月，中国网民规模达7.72亿，网页数量超过2604亿个，其中手机网民占97.5%。报刊广电传统四大传媒继续呈现下滑态势，传统商业传媒市场也出现明显的萎缩。互联网无论是用户规模、产业规模还是资本投入、发展速度，都已超越传统媒体。新兴传媒产业将持续保持较快增长速度。VR/AR(虚拟现实/增强现实)、人工智能、媒体再造可能是传媒产业发展的重要创新领域，在线视频、泛娱乐化、付费内容也将成为传媒产业发展的重要方向。从互联网时代到移动互联网时代，正在向内容时代发展。

市场一致认为，中国传媒产业正面临着前所未有的发展机遇。产业价值链完善与否对于产业健康发展至关重要，因此，必须加快推动我国传媒产业的转型升级，完善与重构传媒产业价值链。

1 价值链理论与传媒产业价值链

“价值链”理论是美国著名学者迈克尔·波特(Michael Porter)于1985年提出的经济学概念。波特认为，企业生产产品、向顾客提供服务等活动都创造了价值，这些创造价值的活动构成了“价值链”，即企业为客户、股东、员工等利益主体创造价值所进行的一系列经济活动的总和。

该理论提出后，被广泛应用到成本管理、财务分析、市场营销等商业领域。在产业经济学的视野里，企业价值链是由上游供应商、中游生产商、下游销售商及各种合作伙伴等组成的一个复杂价值链条，波特将其称为“价值系统”。企业发展在很大程度上依赖于“价值系统”的优化。

传媒产业是由一定数量的传媒企业、传媒机构组成的集群，包含报纸、广播、电视、书籍、互联网站、网络游戏和手机终端、微博、微信等多种媒体形态。其价值链结构包括策划、制作、包装、发行、广告、增值服务、客户等环节和部分。传媒产品的策划、生产和营销等环节紧密联系，形成完善的产业价值链。在国外传媒经济发展比较成熟的国家，各传媒巨头根据传媒形态的动态变化不断延长其产业价值链，与传媒相关的创意、技术和市场营销等领域都紧密联系，形成“产业上游开放、中游扩展、下游延伸”的完整价值链，以确保企业获得巨大的竞争优势。

传媒产业价值链形成的动力机制：产业化的改革内在地呼唤着传媒产业链条的完善；传媒投资空前活跃，但是一直以来我国媒体并没有形成完整的产业链，从而影响传媒产业的整体价值创造能力；随着中国加入WTO和大量外资的进入，传媒产业遭遇冲击将不可避免，媒体产业链将逐渐成型。

产业价值链的形成，意味着传媒产业从过去“以点为主”的专项经营模式逐渐转变为规模化媒介集团“全媒体”经营模式。这种经营模式至少包含两层意思：对于单独的传媒企业而言，其价值链要涵盖产业的上游、中游与下游；对于规模化的传媒集团来说，其经营领域要实现跨行业、跨地区、跨媒体发展，通过对传媒资源的整合与优化，不断在横向和纵向上挖掘、延伸、丰富业务内容和拓展地理空间，形成结构性竞争优势。

传媒产业价值链形成的意义，总结如下：

① 资源会得到合理配置和利用；

② 产业链上各环节在竞合中求发展；

③ 充分发挥传媒产业的整体价值能力；

④ 进一步推进整体的市场化。

2 我国传媒产业价值链建构过程中存在的问题

近年来，西方传媒企业频频通过跨传媒、跨行业、跨区域甚至跨国兼并和重组，形成几大传媒巨头。以英、美两国为例，美国时代华纳、迪士尼、新闻集团等传媒集团50强占据了世界传媒市场95%的份额，并且这些传媒巨头还在加速全球化扩张。自中国加入世贸组织以后，时代华纳、新闻集团、贝塔斯曼等国际传媒企业纷纷抢滩中国市场，中国传媒产业面临严峻的竞争与挑战。

为提高国内传媒企业竞争力，各地纷纷推动辖区内传媒企业通过强强联合或重组的方式组建报业集团、广电集团和出版集团，借此壮大国内传媒产业规模竞争优势，提高传媒产业竞争力。就市场结果看，我国传媒企业/集团在清晰产权、核心业务市场化、构建完善的产业价值链、新技术的应用和升级等诸多方面，还有很大的提升空间。

3 完善与重构我国传媒产业价值链的途径

进入新时代，全球性传媒公司正在逐渐向跨国实体组织转型，具体表现为：在国外制造媒介产品并进行战略决策，公司将不同业务分包给各国承包商，从而进行产业价值链的整合，最终实现整个价值链的跨国管理。

随着我国社会消费形态逐渐向以文化消费为主转变，以微博、微信为代表的新文化形态的出现和电商平台、生活圈自媒体的快速发展，对广告、营销与品牌传播等传媒服务需求的持续增加，迫使我国传媒产业进一步调整产业结构，完善和延伸产业链条，构建现代传媒产业价值链。

建立现代传媒企业制度。充分发挥市场对资源配置的基础作用，推动经营性传媒企业真正成为以股份制为主要形式的市场微观经济主体。

通过资本运作促进投资主体多元化。从国际传媒经济发展过程来看，传媒产业格局变化的重要原因是并购和资本的力量。国内传媒企业有待进一步优化运用资本市场资源，通过资本运作加速扩张，重点发展数字信息技术等新兴传媒领域。

整合、优化传媒资源，完善产业价值链。对国内传媒企业而言，既要延伸产业外部链条，从长远来看，还要在企业内部价值链上着力对每个“增值点”进行深度挖掘。在横向上，要从整体上将目前各自分离的传媒企业进行通盘考虑，实现传媒资源的优化和协调，延伸核心业务链，加大相关产业和产品的开发，推动企业从单一的以“点”经营为主的模式向规模化、结构化的综合性经营模式转型，由目前相对分散的经营状态转变为集中优化管理经营，实现产业上、中、下游全覆盖。在纵向上，对企业内部价值链的“增值点”进行价值挖掘，培育企业核心业务和集团竞争优势。

跨地区、跨行业、跨传媒的集团化发展是今后传媒产业的发展趋势。只有形成规模优势，实行集约化经营，才能构建起完整的传媒产业价值链条，提高国内传媒集团的国际竞争力。

推动产业融合，培育传媒集团龙头企业。大力发展现代传媒业，推动传媒产业与信息服务产业、创意产业、制造业的深层融合，实现传媒产品结构的转型，创新传媒产品内容和形式，丰富传媒资源，形成以全媒体产品为基础的强大产业集群。①

4 传媒的显性价值与隐性价值

在社会传播过程中，传媒不是一个点，而是一条链。在各种形态媒介整合混生的互联网时代，往往很难说清楚一个有所成就的产品或品牌，究竟是哪个媒体、哪次播出的功劳。能成功进入顾客心智，一定是整合的传媒、不断反复播出积累的结果；然而，大家往往会认为是最后形成认知时的那家媒体、那次播出的功劳。总之，我们不能忽略之前所有传媒传播积累的作用，即传媒的显性价值和隐性价值，这将在本书的第四章专题论述。

① 赵荣水. 论我国传媒产业价值链的完善与重构[EB/OL]. 人民论坛，[2013-05-15]. http://kns.cnki.net/KCMS/detail/detail.aspx?dbcode=CJFQ&dbname=CJFD2013&filename=RMLT201314034&v=MDU1MDkrZHVGeWpuVTczSU55REhlckc0SDlMTnE0OUdZSVI4ZVgxTHV4WVM3RGgxVDNxVHJXTTFGckNVUkxLZVo=.

第二章

传媒的生态现状及发展趋势

传媒，已经成为现代人类社会生存不可或缺的客观存在，更是社会生活的重要影响者。于是，这一要素和人类其他社会生活要素之间的关系状态，就成为人类生存和发展状态的重要标志。

一、经典传媒的现状

首先需要关注的，是千百年来伴随人类成长的传统传媒的生存现状，正在被快速变革的科技边缘化，被数码传媒取代。我们首先从经典传媒——图书、期刊、广播、电影这四个代表性产品，进行市场生存现状的解析。

1 图书的市场现状

在移动互联网覆盖的新时代，人们对于历史悠久的传播媒介之一的“图书”形态和范畴的认知已经远远超越了过去。2017年中国图书零售市场总规模达到803.2亿元，同比增长14.55%。网上书店渠道依然是市场增长的主要推动力，实现了25.82%的增长，其中第三方平台业务是网上书店中规模较大的部分。

2017年全国图书零售市场动销品种数为189.36万，比2016年增长了8.19%。新书品种数为20.40万，从2012年到2016年维持在20～21万种，已连续6年保持稳定。网上书店的快速增长和总动销品种的增加，使得整个图书零售市场中的畅销书贡献加大。2014年，图书市场中销量排名前1%的图书，为整个市场贡献了43.73%的码洋；随后的2015年和2016年，畅销书的贡献都持续增加；2017年更是增加到了51.70%，超过了一半的市场码洋是由1%的畅销书所取得的。而分类分析的结果显示，少儿市场依然是市场增长的主要推动力，占到图书零售市场比重的24.64%。

“互联网+”对中国图书市场的发展起到了重要的推动作用，网上书店零售市场规模则保持高速增长，互联网无疑已经成为图书市场未来发展的最大机遇。

2 期刊的市场现状

期刊是曾经十分火爆的传媒。2001年国家为了重点扶持一批有影响力、销售业绩和社会影响良好的杂志，组成“中国期刊方阵”。数据显示，截至2007年，中国内地正式公开出版的期刊总数为9468种，成为全球最大的期刊市场。

2014年到2017年期间，杂志在广告份额、发行量等方面处于明显下滑状态。与此同时，数字出版扩大了期刊的传播范围。利用互联网数字技术，期刊在国内外的宣传推广变得更容易了，同时也让期刊拥有了更多的表现形式，可以采用音频、视频等多媒体数字技术手段，让内容得到更为生动全面的展现，有效地扩大了传播力、影响力。

3 广播的市场现状

广播媒介是唯一的非视觉传媒。广播电台既经历过发展期的欣欣向荣，又面临着电视、新媒体的冲击和挑战。2016年被称为“移动网络直播元年”，这与传统广播形成了一定程度的对抗竞争关系，网络广播App内容上和数量上的增长也成为传统广播强有力的竞争对手，蜻蜓FM、荔枝FM、考拉FM、喜马拉雅等App的出现带来了网络主播自制节目的海量增加。

2016年发布的《中国新媒体发展报告》蓝皮书显示，四大传统媒体中，广播的广告收入正向增加，有声语言符号和听觉性非语言符号提供给受众的伴随性、想象性仍具开拓空间。

4 电影的市场现状

电影是20世纪以来最抢眼的大众传媒，中国电影行业正在经历爆发式的增长阶段。中国电影市场与北美市场之间的差距正在不断缩小，2016年中国的电影票房收入为457.12亿元，同比增长3.73%；其中国产电影票房收入266.6亿元，占比58.3%，高于进口片占比；全年国产电影故事片772部，动画片49部；国内票房市场中共有84部电影票房过亿，其中国产片43部，进口片41部。

2017年中国电影票房总额为559.11亿元，较2016年同比增长13.45%，远高于世界其他主要电影生产国；新增银幕9597块，全国总银幕数超过了5万块，达到50 776块。这一数字已经超越了美国和加拿大的总和，为后续中国电影市场的开拓奠定了坚实的基础。城市院线观影16.2亿人次，同比增长18.08%；国产影片票房301.04亿元，占总票房53.84%；公开上映的影片中，票房过亿影片共92部，其中国产影片51部。

2017年3月1日，《中华人民共和国电影产业促进法》正式施行，首次将电影产业纳入国民经济与社会发展规划当中。这意味着电影产业被新时代赋予了新的重任，成为拉动内需、推动国民经济增长的重要产业。

当然，传统大众传媒不止以上四个，还有报纸、电视等，将在后面的章节进行专门阐述。

5 传媒竞争与竞合

在传播技术革命和政府管制放松的大形势下，传媒的竞争亦越来越激烈。从纸媒到广电，从互联网平台到社交媒体软件，乃至电商，从发行量收视率的竞争，到流量入口垄断……融合多界的媒介越来越常见：支付宝玩起了社交，微信做起了金融。各个领域的跨界合作使功能更强大。

竞争与竞合，能够被受众首选的就是传媒领域里的领导品牌，或者说是核心品牌。谁能在这方面做得更好，谁就能在市场上占有稳固的空间。

6 传媒运营“娱乐化”

我国传媒的娱乐化高潮兴起于20世纪90年代，娱乐节目成为传媒领域中最活跃最有市场的节目形式之一。这种社会心理需求和文化产品表达很快从图书、报刊延伸到电台、电视台、互联网。

大众传播时代的传媒娱乐化主要表现为：①满足受众享乐和游戏的心理需求；②体现了时尚的风潮；③体现了传媒商业化的价值取向。

当然，与此同时，我们也要防止媒介过度娱乐化。传媒市场的监管、媒体正确的传媒价值意识，以及大众媒体人文精神和人文内涵的提升等缺一不可。

二、广电传媒的生态发展

1 三网互联

1990 年以来，有线广播电视传输行业经历了模拟电视——单向数字电视——互动数字电视的发展阶段。数字电视与模拟电视系统的示意图，如图2-1所示。

自2004年中国电信和网通小规模开展IPTV(交互式网络电视)用户试验始，中国IPTV发展已有十几个年头。2017年全年IPTV业务收入121亿元，比上年增长32.1%。2017年末，IPTV用户数达到1.22亿户，全年净增3545万户，净增用户占光纤接入净增用户总数的53.5%。由于具有互联网功能的智能电视的发展和普及，互联网电视的终端产品渗透率不断提升。

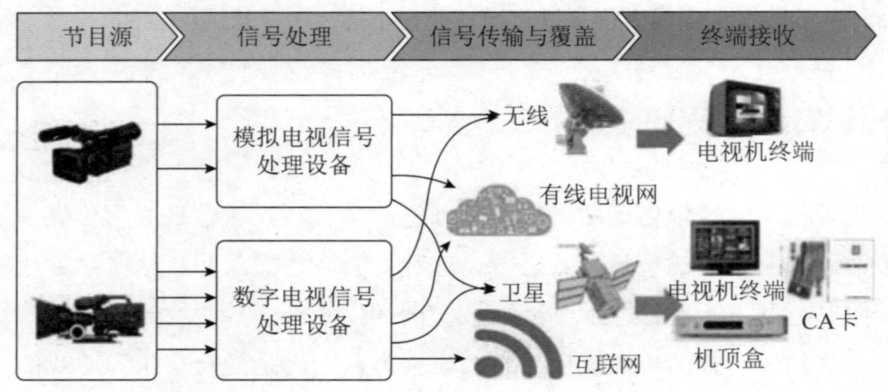

图2-1 数字电视与模拟电视系统的示意图

EOC(Ethernet Over Cable)是基于有线电视同轴电缆网使用以太网协议的接入技术。作为广电网络双向改造的核心设备，“三网融合”的加速必将带动EOC产品市场规模持续扩张。《信息产业“十二五”规划》等政策文件明确提出，要推进宽带通信网、数字电视网、下一代互联网“三网融合”。“三网融合”主要指上述三种网络在业务应用方面的融合，技术上已经成熟。“三网融合”使得三大网络均能提供包括语音、数据、图像等综合多媒体信息业务，有线电视网络运营商将来可以开展宽带接入、增值电信业务等新型业务，同时繁衍出大量新的业务和应用。为顺应“三网融合”的趋势，有线电视网络运营商将加快网络数字化和双向化改造，逐步实现有线电视网络的双向、交互、多功能、多业务，这将给包括云视科技在内的广电网络传输设备制造商带来巨大的发展机遇。

从我国有线数字电视市场发展来看，发展增值业务是必然趋势，“三网融合”将推动增值业务大力开展。基于此，数字电视接收系统与双向网改设备的市场潜力巨大。

电视市场由于中国独特的5级办台体制，造就了高度分散化的传播环境，竞争激烈，收视效应高度分散。在具有120个频道的时代，电视要产生效果的成本点变得很高。现如今中国电视频道逐年增加，越来越多的无广告数字电视的加入，使得电视市场竞争更加激烈。

有线电视数字化持续推进，数字条件接收系统的发展也将经历一个由“逐步普及”到不断“更新换代”的过程。未来随着终端客户对数字电视信号高清化、功能多样化和网络智能化的发展需求，更新换代将成为数字条件接收系统产品需求的新增长点。

2 行业市场特征与趋势

结合、比照从2015年到2017年的《广播电视行业市场发展报告》和《广播电视行业市场规模、行业概况及发展趋势分析》等行业专业报告，可以清晰地感受到，互联网影响下我国广电行业变速发展的典型特征。随着2010年三网融合的推进，IPTV迅速发展，互联网电视等新业态快速起步，有线广播电视传输行业迎来了全面竞争。

文化部的《80后对比调研》数据显示，几乎不看传统电视和每4～7天才看一次的人占调研对象总数的56.7%，而每天都看的只占18.8%。

北京地区电视机开机率从三年前的70%下降至30%。传统广播电视收听收视群体向老年人集中，电视观看人群的年龄结构呈现“老龄化”趋势。

数字电视使可收看电视频道剧增，观众的转台率不断增加，单一频道效率不断下降，如表2-1所示。

表2-1　观众的转台率

电视收看行为描述	认可比例
马上换台，先看其他频道的节目	49.62%
先看看广告，如果时间过长则换台	22.48%
不换台，但是也不看广告	10.14%
不换台，连广告一起看	17.76%

据《2017年广播电视及网络视听行业发展概况》报告的数据显示，根据传播载体的不同，可具体分为以传统媒体为代表的广播电视行业，以新兴媒体为代表的包括 IPTV、互联网电视在内的网络视听行业。2017年全国广播电视服务业总收入6070亿元，同比增长20.45%。全国广告收入持续保

持增长，但电视广告收入继续下降，广播广告收入增幅较大。行业总收入比2014年的4226.27亿元增加了1844亿元！

同时，网络视听行业在广告和付费视频收入方面显示出强势增长势头，2016年整体市场规模达到375亿元，2012年至2016年复合增长率达39.51%；而据《中国网络版权产业发展报告(2018)》数据显示，2017年中国网络视频用户付费市场规模为218亿元，同比增长接近翻番，未来仍会保持高速增长。

面对种种新媒介尤其是基于移动互联网的传媒产业竞争，行业总体形势严峻，“马太效应”显著。从收视率来看，央视仍然占据中国电视行业的“老大”地位，尤其是在新闻报道和重大事件直播等领域，拥有独特的资源优势。而省级卫视内部的“马太效应”在近年变得日趋显著。广告品牌对电视媒体的选择趋于两极化，或集中于央视和一线卫视，或下沉至地面频道。高收视率综艺娱乐节目的广告冠名收入并未受到电视行业总体形势的影响，依然保持高速增长态势。重拳出击、快速抢滩、以成功呼唤成功，是大品牌厂商争夺市场的新转向。

3 影响行业发展的有利因素

根据当前广电市场的政策和技术态势进行分析，有利因素主要有以下三点。

① 国家产业政策的鼓励和支持：从 2003 年至今，国家相关部委相继出台了一系列鼓励数字电视产业发展的政策，发行人作为数字化与双向化改造解决方案提供商，受产业政策的积极影响，发展前景较好。

② 有线数字电视市场潜力巨大：我国正处于有线电视网络数字化、双向化改造的重要时期，数字化率、双向网络覆盖率和开通率存在巨大提升空间。

③ 三网融合带来的机遇：随着电信网、有线电视网、计算机网融合趋势日益加强，三网融合已经成为不可阻挡的历史潮流。

三、报刊传媒的生态发展

根据《2017年中国传统报业发展现状分析及未来发展趋势预测》的统计数据显示，随着新兴媒体、手机、移动手持终端的发展以及报纸广告版面的减少，全国报纸总印刷量逐年下降。国家统计局数据显示，2016年度全国报纸印刷总印量为394亿份，较2015年的430.1亿份减少36.1亿份，下降幅度 8.39%。

全国报纸年度总印刷量从2013年起就已经呈现逐年下降的趋势。2015年各类报纸的零售总量同比下降 41.14%，停刊或休刊的知名报纸数则扩大到30家左右，较2014年增加了20家左右。

1 纸媒相较于新兴媒体的劣势

第一，纸媒互动性、时效性较其他媒体渠道弱。

第二，生产成本高，内容量小。一份报纸的出版，需要经过很多环节，记者采写、相关领导审稿、编辑做版、校对检查、印刷、发行等，每个环节所花费的人力、物力，构成了报纸的生产成本。而以互联网为传播媒介的新兴媒体，则省去了印刷和发行成本。

另外，纸媒的传播介质信息容纳量相对有限。

第三，纸媒同质化现象严重。同质化，通俗地讲，就是生产的产品模式一致。我国报纸多定位于综合性报纸，面向大众市场发行，受众面较广，在一个区域内，各家报纸的新闻内容重复率较高。

2 纸媒相较于新兴媒体的优势

与新兴媒体的浅阅读、碎片化相比，纸媒也有自己的优势：

① 信任价值。纸媒多年的职业品性，养成了可靠的真实性。这是纸媒

的生命，是其最基本的优势。

② 功能价值。新闻媒体具有特殊的地位和作用。

③ 本土价值。新兴媒体虽然信息海量，但它缺乏新闻的本土化，难以满足人们对新闻“接近性”“本土化”的需求。而大多数纸媒都有自己的地域，生活在自己的本土上，有着自己的“阵地”。

④ 原创价值。纸媒拥有一大批自己的采编队伍，刊登的新闻绝大多数都是自己的原创，甚至是独家。而一些网站等新兴媒体，没有自己的采编队伍。据统计，网站80%以上的新闻信息都来源于纸媒。所以，纸媒只要保持原创形态，就不会从根本上丧失主动权。

报纸未来内容的发展趋势：分类化、板块化，每一个类目对应其特定受众。

3 报刊的发展趋势

2017年，多家纸质版媒体停刊，包括《东方早报》和《京华时报》这样曾经非常有影响力的媒体。

最近这几年，几乎每年的元旦前后，都有一批纸媒集中宣布停刊。

未来，报纸有两条出路：一是报纸的“纸”作为载体不存在了，新闻内容通过另外的媒介传播；二是传统意义上的报纸变成一种符号，一种特定对象人群生活品位的象征，走精致化、品质化路线，即所谓“三精报媒”——精品的内容、精美的制作、精英的受众人群。

门户网站也逐步像报纸一样面临老化问题，因此，更多门户瞄准了自媒体平台方向，进入转型的阵痛期。

从读者的角度来看，传媒更新，生活依旧，新闻照看，故事照讲，情绪照起伏，不论是哪条路，现代人对于新闻、信息、精神文化的需求都不会随着介质、时间的演变而有所减少。

4 纸媒转型的趋势

全媒体融合发展将成为纸媒发展的趋势，主要有以下三大表现。

第一，线上线下结合。这已经成为不少纸媒跨界转型的创新主流。在线上，纸媒与新兴媒体合作，建立自己的网站和社区；在线下，发挥纸媒自身采编队伍的优势，加大对新闻报道的速度、深度和广度，更贴切地站在目标受众的角度，深度挖掘新闻的内涵，切实为读者服务。

第二，纸媒平台的影响力更有深度、更有力度。历史的积淀，使得传统纸媒具有新兴媒体难以具备的权威性、公信力属性，它所蕴涵的文化质感、思想深度，随着互联网的兴盛，价值锋芒会越发显现。

第三，多种介质传媒的市场化竞争中，纸媒更多地深入本土化，成就其特色价值。不管何种竞争，支持竞争的用户层面仍是线下的人，因此，应积极扩展和强化纸媒的线下活动能力，增强互动接地气，更多地深入本地社会与市场活动，将纸媒线下的用户资源与本地商家直接对接，使纸媒成为本地营商环境中的一个重要组成部分。

纸媒与新兴媒体共存发展已是时代的必然，两者互动互补的良性循环，为社会大众提供了更高层次的阅读享受，实现真正的文化软实力提升。[①]

四、传媒的发展环境与挑战

1 无线网络技术业务的冲击

从1873年英国物理学家麦克斯韦建立电磁理论，到1895年俄国物理学家波波夫和意大利物理学家马可尼，分别成功地进行了无线电通信试验，无线电通信技术演进从最开始的电报、电话，到从第1代到第4代移动通信

① 苏红卫. 新媒体冲击下纸媒的优势和发展方向[EB/OL]. 网易新闻，[2016-10-18]. http://news.163.com/16/1018/11/C3LH6LKF00014Q4P.html.

技术，围绕的都是人与人之间的通信，可以说，是人们“沟通便捷”的目的需求推动着通信技术和行业的发展进程。而在21世纪的今天，网络直播、虚拟现实、4K视频逐渐普及的大环境下，人类对于无线通信、网络通信等人际沟通的要求也是越来越高、越来越丰富，除了便捷迅速，还要情感体验，要的是有声有色有情绪的电磁波。

从移动4G技术开始，智能家居行业已经兴起，但4G技术尚不足以支撑“万物互联”，距离真正的“万物互联”还有很大差距；而未来5G技术极大的流量、功能，将为更宽泛、更全面意义上的“万物互联”提供必要条件。

2 UGC对广播媒体的冲击

伴随着新兴媒体技术对信息传播方式的改变，UGC(User Generated Content，用户原创生产的内容)在新兴媒体领域所占的比例越来越高，尤其是移动音频客户端在功能上不断改进，使用户可以随时随地、方便快捷地将自己制作的内容上传。喜马拉雅电台选择的就是以UGC为主的策略，“目前喜马拉雅上来自购买和合作的内容占到40%，其余的均来自UGC”。虽然UGC在品质上跟PGC(专业生产内容)相比还有一定差距，但PGC高额的版权费会直接提升运营成本，这也是UGC崛起的重要原因。广播媒体在内容生产领域的垄断优势会逐渐被打破。

3 传统媒体的“数码欠缺”

随着网络以及各种终端之间的融合，受众在媒体使用过程中会产生海量的信息数据，这些大数据包括受众的行为记录、兴趣喜好等各种资料。通过对“浏览行为+移动终端信息”数据的分析，媒体可以更加准确地判断用户属性，甚至可以通过与用户直接“一对一”地沟通，深入了解用户的个性化需求，从而实现精准、高效传播。

而目前，传统媒体重点关注的还是通过传统统计法得到收听数据，在反映社会听众实际阅读(收听、收看)内容、习惯、喜好等的精确性和代表性上，这种阅读、收听、收看数据与“浏览行为+移动终端信息”数据存在巨大差距。同时，很多传统媒体的移动应用用户体验不好，主要原因就是缺乏对用户数据的全面采集、分析和运用。

当前和将来，传统传媒与移动互联网融合成功的关键是找到合适的赢利模式。

4 新网媒的收入升级

在中国互联网行业，“免费牌”这个习惯正在被改变，付费时代来临。未来，内容和渠道并存，缺一将失去平衡。

用户的时间是有限的，因而在内容越来越多的情况下，用户会选择对自己有价值、自己喜爱的内容来看。据艾瑞咨询的《2018年中国在线知识付费市场研究报告》显示，2017年，国内在线视频用户付费规模已达到217.9亿元，未来仍将保持持续扩张。

2018年初，众多视频网站的高管们在第七届中国网络视听产业论坛上展开“头脑风暴”，共议视频网站发展趋势。大家一致认为，过去的“免费模式”难以支撑视频网站生存，用户付费将成为视频网站营收主力。

在这样一个环境当中，腾讯等一些视频企业，开始把付费这个意识深入每个视频用户的心目当中，尊重版权，进而开始成规模地付费，改善视频媒体单纯依赖广告的商业模式。

同时，视频网站行业所面临的挑战就是，必须把现在这样一个依托生态系统多元化的收入模型稳固下来，把广告以外的收入模式提升上来，早日让行业进入一个正循环。因为任何一个负循环的行业，再多繁荣也都难以保证持续，必须在进入正循环之后，才能长久地给消费者提供福利，使自身的产业得以蓬勃发展。①

① DJ晨洋. 新媒体冲击下纸媒的优势和发展方向 [EB/OL]. 新浪博客，[2015-02-11]. http://blog.sina.com.cn/s/blog_4aa618c60102vd0y.html.

五、发展趋势展望

1 传媒生态的变化

传播技术的发展变化。新兴媒体技术带来了信息传播的革命性变革，打破了信息传播的时空限制、传播者和接受者的身份以及媒体之间的界限，改变了单向传播模式。新兴媒体具备了广播等传统媒体无法比拟的优势。

每个人都可以既是信息的使用者，也是信息的传播者。传统意义上的“受众”概念已经被更强调主动性的“用户”概念所取代。对于用户来说，媒体使用更趋向多元化和自主性，因此，未来用户体验将是媒体的竞争焦点，媒体也将向以用户为中心的方向发展。

媒体市场的深刻变化。新兴媒体技术的广泛应用，在带来信息传播模式变革的同时，也深刻改变着媒体格局。尤其是基于移动互联网技术出现的各种移动新兴媒体，由于具备信息多元、到达精准、多向互动、高度社交化等特征，迅速成为用户依赖的信息获取渠道。媒体形式的日益丰富，以及用户注意力向新兴媒体的倾斜，使广播等传统媒体原先在媒体市场占据垄断地位的格局被打破，微博、微信以及各种移动应用逐渐成为用户尤其是年轻用户生活中的重要选择。

用户获取信息越来越多地依赖移动设备，手机、平板电脑等已经成为用户生活的重要组成部分。用户收听广播节目的方式也不再局限于收音机，通过数字电视/机顶盒、电脑以及移动终端等新兴媒体方式收听广播的用户越来越多。移动应用市场上涌现出的众多集成音频内容的客户端，如蜻蜓FM、喜马拉雅电台、窄播、考拉FM等集成音频内容的移动应用迅速获得了用户的青睐。

2 未来传媒市场的细分趋势

互联网时代网络渗透得越彻底，就越能够捕获到那些非主流的长尾需求。技术能够拉近彼此的距离，将更大范围内相同个性化需求的用户聚集到一起，并形成足以赢利的商业模式。事实上，近年来很多传媒企业在垂直化、专业化的细分领域也经过了多年深耕，积累了大量资源与优势。而未来在垂直化与专业化的基础上，“人格化”与“社群化”的细分模式将逐步开启。也就是说，受众选择媒介产品的依据将不仅是其功能性与专业性，还包括产品中所蕴涵的“人格属性”，未来的商业模式也将从渠道为王、产品为王、内容为王过渡到人格为王，而“社群化”则是这类细分媒介在传播过程中形成的受众组织形态。

3 传媒生态圈竞争

互联网时代生态圈之间的竞争将成为决定数码传媒企业生存的重要因素，譬如，苹果公司建立了iOS平台，就形成了一个生态圈，同时制定规则来保证生态圈持续健康发展，所有企业都可以进入这个生态圈。生态圈的核心是提供一个平台，使各个成员都能通过这个平台获益，从而吸引更多成员加入，形成生态循环。最后，生态圈对各个成员形成了一种黏性。

目前，国内的互联网巨头都在积极发展自己的生态圈。在所有的生态圈中，传媒产业都是不可缺少的重要一环。传媒企业对于对生态圈的选择，和生态圈中传媒产业的布局，都将成为影响未来数码传媒产业发展格局的重要因素。

4 传媒的融合与并购

在2015年之后，一种由互联网企业发起的针对传统媒体进行收购兼并的“倒融合”逐渐成为趋势。阿里巴巴近年来也不断在传媒领域进行拓展，近两年已经入股或者收购25家媒体。“倒融合”之所以成为媒介融合的一种新现象，本质是因为互联网企业已经今非昔比。

六、技术的发展趋势

技术的发展给传媒的生态发展带来很大影响，包括广播、电视、电脑、智能手机、可穿戴设备、虚拟现实等。

2016年3月17日，阿里巴巴宣布成立VR(虚拟现实)实验室，并首次对外透露集团VR战略。

在内容方面，阿里已经全面启动“Buy+”计划引领未来购物体验，并将协同旗下的影业、音乐、视频网站等，推动优质VR内容产出。在硬件方面，阿里将依托全球最大电商平台，搭建VR商业生态，加速VR设备普及，助力硬件厂商发展。

旅游场景的虚拟现实，使消费者可以通过这个技术体验到真实的旅游场景。

虽然，虚拟现实技术的普及速度会慢于智能手机，但这是一个全新的领域，每一个尝试都是第一次，因此也能带来变量红利。就媒体作用而言，VR在努力让每个人都可以便利地生产、使用VR内容，中国也将成为全球最大的VR市场。而第三代电影(即“数字交互式电影”)则能实现电影游戏化、游戏电影化，观众可以左右电影或游戏故事情节，个性化角色场景的设置，甚至看电影还可以“挣钱”。

在“移动+物联+智能”时代，“万物皆媒”，传媒业和电子、通信等行业的“界”正在越来越淡化。新技术打破垄断的时代到来了，关键就是“快”，不接受新技术就会被淘汰。

互联网引发的技术速进，使得人人都可以成为“媒体”。科技是生产力，但在科技的基础之上，我们更要重视人文、大文化的观念，这样传媒产业才能真正实现可持续健康发展。

第三章

传媒影响人的心智与关系

现代社会，随着传播媒介的变化与发展，传播形态、模式的进化与深入，作为具有物质和精神双重属性的传媒，时刻通过影响社会人的心智模式，从而影响现实的人际关系，进而影响社会的形态与变化。

一、新时代：需求与影响

社会化生存的一个重要特征，就是公众对信息传播媒介的选择，这已经是现代生活的基本需求。对于人们的信息依赖状况，可以有三个分析角度，即用户的媒介依赖度、信任度与网络信息的浏览模式，这可以用来研究总结传媒对社会人群心智模式的影响。

综合有关社会调查的结果，不管是哪类信息需求，如今城市居民中的互联网用户最倚重的三类媒介是电视、PC(个人电脑)互联网和移动互联网。其中，在获取国内外时事信息、本地信息、健康信息、广告信息和整体新闻信息时均最倚重电视，在获取服务信息时最倚重移动互联网，在获取投资理财咨询、科技信息时最倚重个人电脑互联网。

用户在获得知识时，最倚重的四类媒介分别是书籍(34%)、PC互联网(21%)、移动互联网(15%)以及电视(13%)。而用户希望增加文化素养时最倚重的四类媒介也是书籍(32%)、PC互联网(15%)、电视(15%)以及移动互联网(14%)。

结论就是：互联网已成为人们获得知识的最重要渠道和途径；在增加文化素养时，人们对手机的倚重程度高于个人电脑。

在满足娱乐需求方面，移动互联网的用途最大，达26%；其次是PC互联网，为22%；电视的倚重度位居第三，为20%。除去1%的未填问卷用户，其他媒介选择率分别为杂志7%、电影7%、报纸5%、户外交通楼宇电视5%、广播4%、手机3%。用户在满足娱乐需求方面，对互联网和电视的依存度显著高于其他媒介。

城市人群对电视、PC互联网和移动互联网的倚重度居前位，有34%的用户认为电视最可信，接下来依次是：PC互联网、手机、报纸、广播、杂志、户外交通、楼宇电视、电影，其中PC互联网和手机相加为29%。

从1987年9月中国互联网诞生，到2009年1月3G网络建设大规模铺开，移动互联网构建起当代中国人传媒生活的新常态，移动网络不仅是网络服务的升级，更是信息传递方式的改变。信息的传递不再是“管道”或者“高速公路”，而是一个个触点。每个人都可以成为一个消息源，将信息快速传递至各自的关系网，而关系网中的其他节点亦可将信息继续传递下去。

移动互联网的用户作为信息的生产者和传递者，创造个性化的信息，驱动更多用户参与传递，实现了点对点、点对面的社交功能。社交网络的移动化为大势所趋，移动社交行业的覆盖人数和用户使用社交网络的时间将不断上升。移动社交市场的细分领域还有广阔的天地，例如职场社交、同性社交、匿名社交、图片社交等。近年来，一大批垂直社交产品涌现，到达百万用户量级，甚至是千万用户量级。

二、新常态：平台与自媒体

自媒体(We Media)又称“公民媒体”或“个人媒体”，是向不特定对象传递规范性及非规范性信息的新兴媒体。自媒体平台包括：博客、微博、微信、百度贴吧、论坛/BBS等网络社区，具有私人性、平民性、普泛性和自主化特征，是普通大众经由数字科技强化、与全球知识体系相连之后，开始理解普通大众如何提供与分享信息的途径。

1 媒介即信息

自媒体有别于由专业媒体机构主导的信息传播，它是由普通大众主导的信息传播活动，由传统的“点到面”的传播，转化为“点到点”的一种对等的传播概念。同时，它也是指为个体提供信息生产、积累、共享、传播内容，且兼具私密性和公开性的信息传播方式。

媒介本身才是真正有意义的信息。事实上，人类只有在拥有了某种媒介之后才有可能从事与之相适应的传播和其他社会活动。媒介最重要的作用就是“影响了我们理解和思考的习惯”。因此对于社会来说，真正有意义、有价值的信息不是各个时代的媒体所传播的内容，而是这个时代所使用的传播工具的性质、它所开创的可能性以及带来的社会变革。自媒体之所以爆发出如此大的能量和对传统媒体有如此大的威慑力，从根本上取决于其传播主体的多样化、平民化和普泛化。[①]

2 内容构成

广义的自媒体可以追溯到20世纪末，当时的个人主页、BBS个人专辑都可以叫自媒体，然后就是博客、微博等。而狭义的自媒体则是以微信公众号为标志，再加上之后的百度百家、搜狐、网易、腾讯等自媒体写作平台。基于受到主体构成的决定性作用，自媒体的内容构成没有既定的核心。

自媒体拥有平民化、个性化特点，低门槛、易操作，交互强、传播快，没有空间和时间的限制，得益于数字科技的发展，任何时间、任何地点，都可以经营自己的“媒体”，信息能够迅速传播，时效性大大增强。

3 影响与发展

传统的“自上而下”“点对面”的传播方式，面临“人人即媒体”“零

① 铜陵社科界. 带你深入了解“自媒体”[EB/OL]. 新浪博客，[2014-09-25]. http://blog.sina.com.cn/s/blog_ecd3ff4c0102v2bb.html.

门槛”的传播方式的挑战，任何网络用户都可以成为传播者，出现了对传统传播学概念的颠覆性创新，如受众即信息源、新闻源；而互联网用户在网络上的所有独立数据，都构成互联网的微内容。

移动互联网时代被应用最多的就是个人门户的自媒体。自媒体通过“六度理论”和病毒式的传播，将信息的传递速度和规模无限放大，其作用既可正向，也可能产生负面影响，因此，对自媒体的管理与引导工作成为重中之重。

4 问题与不足

因网络自媒体数量庞大，网络的隐匿性给了网民“随心所欲”的空间，自媒体所传播信息的可信度较低。相对于西方自媒体的迅猛发展，中国的自媒体显然处于起步阶段。如何在法律上对自媒体进行规范与引导，迫切需要全社会来共谋良策。

三、传统媒体对人际关系的影响

社会化，是指人类个体在与社会互动的过程中，逐渐养成独特的个性和人格，从生物人转变为社会人，并通过社会文化的内化和角色知识的学习，逐渐适应社会生活的过程。在此过程中，社会文化得以积累和延续，社会结构得以维持和发展，人的个性得以健全和完善。能脱离社会而人格健全的人是不存在的，因此，社会化对于个人的成长必不可少。

人的社会化至少包括两个方面：一是社会对个体的人进行教化的过程；二是个人与其他社会成员互动，成为合格的社会成员的过程。在电视出现以前，报纸、广播、杂志、书籍担任起了部分社会教化的功能，这就是20世纪著名政治学家、社会学家拉斯韦尔(Harold Lasswell，1902—1977年)所说的传播的传递社会遗产功能，以及传播学鼻祖施拉姆(Wilbur Lang

Schramm，1907—1987年)所说的传播的教导功能。

1925年，英国出现电视，这一当时的高技术产品改变了人类生活的很多方面。因为其具有信息传播形态的直观性、较强的冲击力和感染力、传达速度快等显著优点，很快成为20世纪最大众化且最具效力的传播媒介。由于电视机的普及率极高，发达国家和发展中国家的家庭普及率都在95%以上，加上现场感强和感染力高，这就使得电视作为大众传媒，在发挥社会教化作用上具有天然的优势。

这一作用主要表现在两大方面：首先是最强的时效性，在人类生活与发展节奏越来越快的现代社会，和报纸、杂志等传统媒介相比，电视更能及时快捷地传递各类信息，实现各个社会人群之间的迅捷真实的信息沟通与传递、知识交流、经验借鉴和情感表达。其次，是对社会公众的明显的社会教育功能。

同时，电视能够帮助各个阶层的社会人群实现对相应社会角色的态度和行为的认知，对一些偏离、背离社会角色规范的行为进行矫偏排异。同样拿央视节目举例，高收视率的《315晚会》《实话实说》《今日说法》《焦点访谈》等节目，传递正能量，实现了大众媒体的舆论导向作用。

提高节目质量是吸引更多观众的根本，电视媒体需要充分发挥传统优势，挖掘、创作出日益丰富多彩的节目。《舌尖上的中国》《中国诗词大会》《朗读者》《见字如面》这些节目一经播出，马上收获了较高的收视率，受到大众的认可，也吸引着网络媒体来争夺这些火爆电视荧屏的节目来提升各自网站的人气。

四、新兴媒体对人际关系的影响

新兴媒体是新的信息技术支撑体系下出现的媒体形态，相对于报纸、杂志、广播、电视四大传统意义上的媒体，新兴媒体被形象地称为“第五媒体”。较之于传统媒体，新兴媒体自然有它自己的特点，其中一个重要特点就是它的消除力量：

① 消除传统媒体之间的边界；

② 消解信息发送者与接收者之间的边界。

随着新兴媒体传播技术的发展，人际传播进入一个全新时代。语音视频聊天、即时通信、微信、陌陌等人际传播工具得到了广泛应用。人们在利用新兴媒体进行传播时，会在自我表露与呈现、社交距离上产生不同于传统面对面传播的心理特征。人们在媒介使用习惯以及信息传播符号上自动适应传播需求，是为了保持传播主体在媒介创造的公共空间内无障碍地交流。新媒介为传播效果反馈提供了便利，最大程度发挥了人际传播的组织、娱乐、监督等社会功能。城市化进程和网络化生存将人际关系进行了重组。

新兴媒体的出现给人们带了一种崭新的生活方式，对应环境下的人际交往也有着鲜明的特点。在新兴媒体的世界，更突出人的本我，强调自我意识。

五、微博传媒的人际影响作用

微博作为一种综合多种媒介特性的媒介，具有高度的“拟情境性”。

在技术和理论上，微博技术可以高度再现传播中的各种情境，实现近似于面对面人际传播的效果。但在本质上，借助于媒介而实现的传播都只能建立在符号化的基础之上。从文字到微博，只是符号化的抽象程度不同，这是一个逐渐具象化的过程，但同时也是一个可以更多加工和组装的过程。物理的现实可以通过技术手段再拼装、再显现，因此，这一过程永远无法完整重现人际传播中的即时情境，传播主体也无法共享同一传播情境，而只能通过更加高度接近现实的方式进行沟通，形成一种“拟情境性”特征。

对于微博、微信等自媒体传播来说，主体的高度开放性，使得任何一个具有基础表达能力的用户都可以实现自己的表达目的。日常的表达不需要专业化的加工就可以通过微博、微信等自媒体传播而得以实现。

但微博、微信等自媒体的这种“拟情境性”也带来了如下问题。

(1) 现实与虚拟世界的高度同构与互动，导致了信息传播等问题更加突出。在纯粹的现实世界，在微博所形成的虚拟空间中，一方面信息传播的方式变得复杂起来，充满了各种变异的可能，并且各种可能之间不再遵循线性逻辑；另一方面，虚拟性使人际间交往的现实约束降低。

(2) 虚拟性的扩展，对人际关系形成了冲击，人的主体性减弱，而建立在各种分离的虚拟群体基础上的角色得以强化。①

六、微信传媒的人际影响作用

作为自媒体平台，微博的传播广度和速度惊人，但是传播深度及互动深度不及微信，现在基本上人人都离不开微信。

从微信朋友圈开始，已经被互联网深刻影响的中国人心智模式和人际关系，进一步发生了新的变化，比如：

没有主动加微信，说明没有太多沟通的欲望。

主动申请加人而没有得到回应，说明有可能被无视，彼此交流的价值极低。

互加，但从没交流过一句话，双方充其量不过是一个“认识的人”。

以反映和沟通人际关系为存在价值的微信，展现着当今社会人各种各样的性格和社会关系状态，反映着人们的心态和社会动机：①秀幸福型，晒出满足；②万事通型，表现自我期待认同；③发泄型，缓解焦虑，释放压力；④窥视型，甘当看客；⑤正能量型，温情阳光；⑥炫耀型，有自恋倾向；⑦拓展型，渴望精神食粮；⑧解压型，寻找自我。

作为最大规模的社交平台，微信成为一个天然的媒体平台。“一对

① 魏景霞. 从媒介史角度看微博对人际关系的影响[J]. 新闻界，2012.

多，自广播”，很多媒体人从微博等其他平台迁移过来，在微信上做起了自媒体。对自媒体人而言，对微信媒体属性的探索、推广和种种商业化尝试似乎让人们对微信自媒体的认识越发清晰。在移动互联网飞速发展的对照下，已经有所心得的自媒体人在信心和担心的交织中，正进入一个躁动期。他们正企图克服重重困难，跳出比较单一的商业模式，寻找更多可能性。

微信的传达方式降低了渠道的门槛，加上既有的内容影响力，以及公众平台的优势，微信内容比以往更容易传播。而微信对优质原创内容，尤其是视频内容的倾斜力度也明显加强。

但是，与微博相比，微信更侧重社交，传播媒体的属性相对较弱。微博信息属于广播式的，用户只要关注账号，无须对信息有触发动作即可收到信息。微信实质上是“点对点”的，用户可以选择是否接受信息，在推送信息增多的情况下，用户的点开率将大大降低。这让本义上的精准营销打了折扣。

原创、时间和情绪，自媒体人很难两全，既可以提供内容，又可以像产品经理那样进行运营。在推广上，用户获知某一个账号主要靠自我发掘以及口碑传播。让用户获知的渠道也主要靠自媒体人之间的推荐，以及口口相传。

客观上不管是用户基数，还是社交关系链，截至目前很难有一个新的平台具有比微信更加得天独厚的优势。企业运营微信官方平台，可以通过系统功能与客户服务、市场调研、舆情监测、企业自媒体来构建自己的社群，再通过社群聚集地、社群互动社区、产品交流区、活动策划来经营自己的社群，随时关注社群的声音，依据实际情况作出相应调整，以便更好地迎合社群的需求和引爆社群。

概括地分析，所谓自媒体或社交媒体，改变了我们的社会基因和语言形态，改变了我们的大脑感知和反映客观世界的结构与过程，也大大加速了我们新型人际关系的形成。

推动传统媒体和新兴媒体融合发展，要遵循新闻传播规律和新兴媒体发展规律，强化互联网思维，坚持传统媒体和新兴媒体优势互补、一体发展，坚持先进技术为支撑、内容建设为根本，推动传统媒体和新兴媒体在内容、渠道、平台、经营、管理等方面的深度融合。一手抓融合，一手抓管理，才能确保融合发展沿着正确的方向推进。

第四章

传媒的价值

众所周知，流量对于现代企业而言，可谓事关生死，因为它意味着获取客户的可能性。然而，一个显而易见的事实是，移动红利高速增长过后，涨势艰难的渠道流量、不断增长的获客成本，是每个企业都要面对的问题。

企业对流量的争夺，引发了我们对流量的思考，并重点定义了心智流量，同时延展出显性心智流量和隐性心智流量，以及如何挖掘媒介的显性价值与隐性价值。

一、流量是什么？

有人说，商业竞争是“产品之争”，在移动互联网时代，产品为王，谁能做出让用户尖叫的产品，谁就是赢家。也有人说，商业竞争是“渠道之争”，只有占据更多渠道，才能方便客户在产生需求的下一秒就能够及时购买(获得)。甚至还有一些曾打过价格战的创业者说，商业竞争就是“价格之争”，哪有什么顾客忠诚度，企业胆敢涨一分钱，顾客就全跑到竞争对手那里去了。

好像每个人都有不同的看法。那么，商业竞争，争的到底是什么？拨开迷雾见本质，一切商业竞争，归根结底都是关于流量的竞争。

提及流量，一般人会想到交通流量、旅客流量或者河水流量等。随着互联网时代的来临，网站流量渐渐为大众和企业所熟知。它是指网站的访问量，用来描述访问一个网站的用户数量以及用户所浏览的网页数量等指标。从网络营销角度而言，通过对网站流量数据进行统计、分析，可以从中发现用户访问网站的规律，将这些规律与网络营销策略等相结合，可以为进一步修正或重新制定网络营销策略提供依据。

在阐述完流量概念后，这里还想探讨一下目前市场上存在的错误观点：很多企业认为，投放搜索、导航、应用市场等渠道广告最有效果；投放广播、影院、电梯、框架等渠道广告有点儿效果；投放报纸、杂志、户外、交通等渠道广告越来越没有效果。

其实，这些企业没有进一步思考：用户之所以会搜索品牌或产品，正是由于之前通过广告、社会化营销、市场活动、消费者口碑等获得了品牌流量，使得用户知道了品牌或产品，在心智上留有了印象。

综合来说，搜索以及导航网址、社交平台、应用市场、视频网站、DSP(需求方平台)联盟等都是线上流量入口。在流量入口强大的导流作用下，企业把所有功劳都记在了搜索引擎、导航、应用市场这些流量“收口”上，加大了线上搜索等渠道的投放，使它们赚得盆满钵满，却忘了广播、电梯、框架、报纸、杂志、户外等线下广告投放以及社会化营销、市场活动和消费者口碑传播的默默贡献，而降低了线下品牌广告投放费用。

这种不合理、不均衡的广告投放分配方式，导致了一个现实却又让企业无法接受的结果：入口可收集的流量越来越少。再加上线上流量入口集中，导致线上广告投放费用越发高企。这已经是创业品牌和互联网营销的第一痛点。很多企业转而再次寻找传统流量的突破，无论是线下门店(包括新零售)、传统广告(比如分众电梯、广播、院线贴片)，还是最古老的“人肉”地推，都成为挖掘流量的手段。宝洁、可口可乐减少线上广告投放，重新拥抱电视广告，也是最新的趋势。然而，这种做法与线上广告投放获得流量导入相似，对企业财力与资源整合能力均有较高要求，同时效果难以衡量，并非解决流量困局的万能良药。

那么，企业应该如何做，才能走出流量减少、流量成本高涨的困境？这里便要说到抢占心智流量。

二、什么是心智流量？

所谓“心智流量”，通俗地讲，就是看过一次或者多次广告，对产品和品牌留有心智印象的消费者。

事实上，流量争夺战并不是比广告投放力度，也不是比各家企业的财力、人力，而是比谁能夺得更多的心智流量。

世界第一饮料品牌为什么长期属于可口可乐？可口可乐销售的只不过是很容易仿制的糖水，如果不是因为长年累月的传播，并在大众心智的饮料阶梯上占据了首位，代表了年轻、活力与激情，它怎么可能创造出如此高的市值？

因此，商业之争本质上是顾客心智之战，抢占心智流量是企业经营的起点。心智流量的获取需要通过广告投放、活动等营销方式的触动，其中，广告是通过在媒介渠道投放内容信息，将产品主动介绍给用户；活动是在特定的场景下，针对固定人群，通过策划营销事件，吸引用户主动参与。在抢占过程中，品牌需要做到“广告有记忆点、产品有卖点、活动有转化点”。具体来说，就是需要在广告内容中因时因地设置产品的卖点，通过其他行之有效的方法形成转化点，再加上有卖点的产品，实现“三点合一”，使品牌价值凸显，在用户心智中留下印象。

三、什么是显性心智流量？

从广告投放到流量转化，是用户从接收信息到接受购买的过程，也是用户的心智从产生到转化的过程。用户转化过程，面临一次转化、二次转化、N次转化……“显性心智流量”很好理解，即通过品牌营销产生心智印象并一次成功转化的流量。

营销的目的，是产生可持续性收益。大家都希望在品牌营销中实现“品效合一”，既做到品牌曝光，又带来效果转化，但是，单纯的卖产品和打品牌很难做到这一点。因此，必须带着产品抢占消费者心智，把握从“品效合一”到“品销合一”的营销之道，企业在竞争中才会获得领先优势，处于不败之地。可口可乐等企业，从CMO(首席营销官)到CGO(首席增长官)，改变的不仅是职位名称，还有顺应新零售时代的营销思路。CMO时代向CGO时代变迁，实际是从“品销分离”到“品销合一”的变迁。

如何才能提升显性心智流量转化，实现“品销合一”？这里需要达到“三个统一”：传播渠道和销售渠道的统一；用户需求和产品使用功效的统一；传播内容和产品卖点的统一。尤其要针对不同市场、不同渠道、不同人群，选择不同产品精准推送。

企业获取心智流量，并产生一次转化，是否就是企业的最终诉求？当然不是，企业更关注二次转化、N次转化……

如何才能够实现可持续性效益？这就需要企业善于挖掘更多剩余心智流量，并实现该流量的持续转化。

四、什么是剩余心智流量?

所谓“剩余心智流量”，是指广告主投放的广告对用户在产品、品牌、服务等方面产生了印象，但还没有完成最终转化的流量，即知道的用户减去有转化的用户，也可以理解为知道暂不感兴趣的用户加上感兴趣无消费的用户。

如何才能提升剩余心智流量转化？数字化是获得剩余心智流量的方法和手段。企业通过数据采集获得尽量全面的用户消费画像后，一方面可以借助第三方平台广告投放触达消费者；另一方面，基于这些真实的线下消费行为数据分析，可以精确地定制活动策略，开展有针对性的营销活动，使剩余心智流量产生消费。

对于无法数字化的传统媒体投放，广告主在营销时又该如何实现剩余心智流量转化呢？

首先，企业需要均衡发展品牌九度(知名度、认知度、可信度、向往度、参与度、体验度、满意度、忠诚度、美誉度)，而不是只发展其中的几度。这是由于心智具有阶梯性，品牌九度的每个维度，对应了用户心智的不同层级。在消费者心智中实现长期占领，才不至于使品牌在消费者心中只是“阳刻”，而是会像“阴刻”一样深入人心。

其次，好酒也怕巷子深，好景也怕没人来，营销一定是丰富多样的，而非单一的某种形式。根据受众群体、年龄分布、职业爱好等，多层次、多方面实施营销策略，才能不断地引导客户，带来新客并促进复购。

再次，可以通过共享共赢方式，包括资源共享、渠道共享、客户共享、市场共享、品牌共享、技术共享等，实现营销合作伙伴之间的共赢发展。

最后，保持“六口合一”。品牌的“品”字有三个口，加之涉及内在和外在两个方面，那就是六个口。营销要做到内在(管理者、创始人、员工)认同与外在(消费者、公关、媒体广告)认同的统一，一旦出现某一方的不和谐声音，不仅无法触动消费者心智，提升剩余心智流量转化，反而会产生负面影响。

五、媒介的价值

我们上面说到了“品牌流量”，它主要是通过品牌广告投放产生的。广告，是指由商品经营者或者服务提供者承担费用，通过一定媒介和形式向消费者介绍自己商品或者服务信息的手段。从这一定义可以看出媒介的商业价值所在。

前几年，传统媒体的媒介价值一度被打入谷底。公开资料显示，2014年传统媒体1994.63亿元的广告营业额是近几年的最高点，此后则是连续三年(2015—2017年)的下滑。

在传统媒体广告刊例收入急转直下的同时，互联网以及移动互联网快速发展，互联网广告成为品牌营销推广的重要表现形式。互联网广告营业额水涨船高，2017年达到2975.15亿元，比2016年增长了29.06%，占广告总经营额的43.14%。

不过，从去年开始，各类型媒体广告刊例收入呈现新趋势：传统媒体广告刊例收入表现得不再那么糟糕，互联网广告增幅下滑也是不争的事实。这种情况的发生，与广告主们尤其是像宝洁、可口可乐等这样的国际品牌反思过度倾斜互联网营销，重新增加电视等传统媒体广告投放的举动有关。

互联网营销一个让人无法回避的现实是，越来越多的消费者安装了广告拦截软件，同时行业本身存在操作不透明、数据造假、缺乏真正第三方监测等问题，广告到达率、点击率、搜索率与被传播率变得模糊。投入互联网营销的广告资金与其所产生的价值存在明显脱节，让广告主们开始转向更全面地评估各类型媒体媒介价值，从而优化广告预算并实现品牌的长远发展。

六、媒介广告的显性价值

从广告投放到流量转化，过程中肯定会有一定的用户流失。成功转化的用户占比，我们称之为转化率。转化率越高，该媒介渠道占领用户心智的显性价值就越高。

在如今的广告投放市场，如何更好地提高媒介广告的显性价值，是所有行业人和品牌主、广告主重点思考的问题。

从接收信息到接受购买，品牌到达用户的过程，不仅需要有高质量的产品和服务，还要通过传播渠道让用户知道品牌的产品和服务，以及通过销售渠道让用户买到。

品牌如何才能更好地传播？传播离不开广告和活动。好的广告和活动帮助品牌提升知名度、认知度、可信度，精准的渠道推送帮助提升产品销量，如此一来，媒介的广告显性价值就得以提升。在制作好广告时，广告主可以与内容方一起多设计一些种子内容、种子广告出来，而不是简单的广告，以便让种子类的广告诉求点真正到达消费者的心智，在消费者的心智阶梯占有一席之地。

同时，种子类广告播出以后，品牌可以通过技术等比对手段，了解客户的行为轨迹，并在后期通过全营销、全链路的反哺式精准营销来销售产品。当然，不同品牌、不同阶段会有不同的投放方法；同一品牌在不同的发展阶段，投放的方法也不一样。此外，还存在产品、品类诉求不一样的情况，如快消类产品是即时性的，随时都有需求；而旅游类产品不是即时性的，可能一年只有两到三次的出游需求。针对这一情况，品牌需要把握恰当的时机，选取用户需要的内容和产品进行推送。只有针对目标客户，在其有需求时进行精准投放，才能提高转化率，使媒介广告的显示价值最大化。

七、媒介广告的隐性价值

媒介广告投放没有成功转化的，是眼下还未占领用户心智的隐性价值，虽然表面上和行为上没有显著的转化，但可能已潜藏于受众心理深处，再经过一段时间的孕育、发酵，在某一个元素、机缘的点击下，将产生显著的行为转化。

一项由ABC(美国广播公司)委托埃森哲进行的调研报告显示，电视广告对搜索、展示和短视频广告的光环效应和电视广告的长期效应常常被广告主忽略，即电视广告的隐性价值常常被忽略。

在监测各个媒体广告渠道的投资回报率时，营销人员往往选择对各渠道进行分别统计，而忽略各渠道之间的相互影响。这可能会使营销人员高估搜索、展示、短视频广告对销量的影响，而低估电视广告的影响。实际上，一般被营销人员归因于搜索、展示、短视频的投资回报率平均有18%是由电视广告驱动的。同时，电视广告驱动的投资回报率，要比人们一般统计的高出10%。这是由于在全媒体广告战略中，电视广告对搜索、展示、短视频广告产生的光环效应使销量增加了。

此外，当2%的广告支出由电视转移到搜索、展示及短视频时，这一变化将导致短期销售量爆发式增长；然而，电视广告的光环效应的损失抵消了部分的全年增长。这种支出转移带来的长期效应将导致三年期的总销售额减少。在调研报告研究的六个行业类别中，有五个出现了这种情况。

从上述调研报告可以看出，包括电视、广播、报纸、杂志在内的传统媒体以及包括电梯电视、电梯海报、影院视频在内的生活圈媒体，并非毫无意义的营销渠道，它们可以更好地提升品牌认知度、传递品牌价值、强化品牌符号等。在目前的广告市场环境下，我们不能忘了传统媒体及生活圈媒体默默贡献的隐性价值。当用户有需求时，这些隐性价值就会体现出来。

八、媒介广告价值挖掘

在这里，我们通过案例来阐述媒介广告的显性价值和隐性价值。假设“小米有品”投放分众电梯海报广告，目的是提升App新用户注册量。有10万人关注到该海报广告，这10万人就是“小米有品”通过此次投放获得的品牌流量；其中3万人扫码下载了“小米有品”App并注册激活，这3万人便是此次投放分众电梯海报广告显性价值的体现；另外7万人尽管没有在第一时间下载App并注册，但已留下了“小米有品”的心智印象，这便是此次投放分众电梯海报广告隐性价值的体现。假如“小米有品”在电商平台、搜索网站、垂直频道等流量入口，通过持续进行促销优惠、新品上新等活动，便可以刺激有意向、有印象的用户下载App进行注册甚至实现购买，获得源源不断的转化。

像神州租车、58到家、瓜子二手车、饿了么等站在风口上的互联网创业项目或独角兽企业，之所以能在主流人群中建立起品类领导者的认知优势，与它们喜爱在特定时间窗口通过传统媒体、生活圈媒体引爆品牌有关。它们通过传统媒体、生活圈媒体圈住了品牌流量，并转化媒介广告隐性价值，带来隐性心智流量。

流量红利期已过，企业开展品牌营销时，不应每天抱怨流量越来越少、越来越贵，而是应该思考如何更好地提升媒介广告的显性价值，获得更多显性心智流量，同时挖掘媒介的隐性价值，从存量找增量，提升剩余心智流量，并使剩余心智流量源源不断地转化，从而更好地解决企业流量困局。

第五章

传播内容在传媒传播中的种子作用

就传播的内容而言，有的内容信息很容易让人记住进而影响受众认知，进入对象的大脑、心智；而有些内容信息不容易让人感知，因而无法进入目标人群的大脑、心智，有时如过眼云烟，有时视而不见，有时充耳不闻。如何解决这一问题，实现有效传播、实效影响，达到最佳的传播效果，抢占人的心智呢？

我们可以尝试用农耕“播种”的过程来解决这个问题：假如传播中播出去的信息是一粒种子，那么怎样才能使之成为一粒有顽强生命力的种子呢？本章将重点阐述怎样才能培育好“种子”，传播过程中“播种什么”，以及怎么“播”、怎么“种”等问题。

一个公司想要做品牌，最简单的流程，也需要这样几个部门的联合发力：产品研发、营销策划、传媒整合、市场销售。当然，有的公司会把策划和媒介合并为广告部、品牌部、市场部等带有推广营销性质的专业大部门，然后在这些大部门下面再作更多的职能细分。也有的公司会直接将这部分需求外包给专业的职能公司去做，对此，内容策划类的广告公司将主责生产传播内容，即传播的种子；媒体、媒体类的广告公司则主责接洽各种传播渠道，匹配传播内容和传播形式，即怎么播；整合营销类的广告公司则是内部联动，提供一条龙服务。这个一条龙服务倘若真想做得漂亮，当然少不了深度了解需求公司的产品，联动做好产品的市场销售。这也是我前面告诉大家的营销方法论：三点合一。

一、播什么：培育三点合一的“好”种子

1 三点合一与品牌九度

三点合一：挖掘产品卖点，创造内容记忆点，保证销售转化点。需求公司需要推广的产品，其质量水准的保障依赖于需求公司本身，这是品牌接受市场审判最重要的前提。但产品卖点就好比王婆卖瓜自卖自夸，这个瓜好，就一个“好”字并不足以让人信服。“怎么好”？怎么让客户记住“好”，承认“好”，向往“好”，并为这个“好”付费买单？即我多次强调的，品牌建设的新维度——品牌九度(后面有详细介绍)的前六度：知名度、认知度、信誉度、向往度、参与度、体验度，是需要营销公司和需求公司共同探讨挖掘并包装呈现的。这个最终呈现的东西就是播什么——种子。好种子是能否开花结果，实现品牌后三度(消费者满意度、忠诚度、美誉度)的重要前提。

“好的产品卖点能够成就品牌营销的90%”，这句话充分说明了一个产品拥有卖点的重要性。产品的卖点包装毕竟不是自嗨，只有拥有市场、成为刚需，拥有竞争力，才有爆发的可能。同时，如果我们仅仅是将产品卖点进行罗列，也很难打动用户，因为目标太过分散，用户根本记不住。只有找到最能打动消费者的利益点，才能做出更有效的广告。

怕上火，喝王老吉

凉茶是广东、广西地区的一种由中草药熬制，具有清热去湿、防暑、治疗上火等多重功效的“药茶”，也因为“药”的初定位，让很多人避之不及，谁会主动喝药呢？在此定位下，加之卖点多且模糊，王老吉市场一直局限受阻。经多方研究，王老吉迅速调整卖点，将产品定位调整为功能性饮料，并保留了一个最突出的卖点——治“上火”。“怕上火，喝王老吉”的

广告一出，“怕上火”的客群、“上火”的客群都迅速抱团，王老吉从药茶到饮料华丽转身，一跃成为凉茶饮料领导品牌，获得了更高的购买率。

看似成功的卖点背后却是“台上一分钟，台下十年功”，来之不易。产品卖给谁？消费者。诚然，每个需求方和营销公司都知道要挖卖点，可是卖点到底要怎么挖？我们要知道，产品和消费者是供需关系，消费者洞察尤为重要。

有人说一个好的消费洞察是看消费者需要什么，看你比竞品好在哪儿。其实，并不尽然。一个好的消费洞察应该有三个维度：品类思维、竞争思维、外部思维。

2 品类思维、竞争思维、外部思维

首先，品类思维。消费者在作购买决策时，潜意识中，会按照一种从小到大的逻辑进行筛选和决策。所以，我们做产品卖点梳理的首要任务是把产品放到一个品类当中，目的是便于消费者去作购买决策。就拿王老吉来说，王老吉到底是什么？是药？是茶？还是饮料？类别定位决定了市场分布，也决定了渠道铺成、消费者选购等诸多问题。王老吉定位为饮料，那么它拥有的就不是药品市场，而是广阔的休闲茶饮市场，同时还能在超市的常规饮料货架上占据展示位，更便于消费者接触。

其次，竞争思维。本质同样是凉茶，你和竞品的区别是什么？王老吉的直接竞争对手，如菊花茶、清凉茶等，虽然有同样的功效，仅仅是低价渗透市场，并未占据“预防上火的饮料”的定位；而间接竞争对手，如可乐、茶饮料、果汁饮料、水等，又明显不具备预防上火的功能。这就是王老吉的竞争契机。

最后，外部思维。卖点的挖掘一定要应用外部思维，如果只从内部层面来看，自嗨式自我认同的卖点把自己感动哭了都没有用，重要的是怎么打动消费者。“怕上火，喝王老吉”，“怕上火”，通过轻微的“恐吓式”营销戳到了消费者的心，不仅清楚明白地讲出了自己的产品功能，还突破了凉茶概念的地域局限，网住了怕上火和已经上火的目标客户，成为聚餐餐饮伴侣。

3 创造内容记忆点

卖点有了，怎样让消费者印象深刻，这又是一个值得深究的课题。

可以是因为简单且信息明确。看一眼、听一耳就能记住，不占用时间，不需要思考，比如“怕上火，喝王老吉”。

可以是因为朗朗上口。因为说起来太溜，下意识就能默诵于心，比如“恒源祥，羊羊羊”。

可以是因为抓耳的音乐。用音乐关联品牌，音乐一响就能联想到品牌。比如步步高音乐手机总是伴随着的那首《我在那一角落患过伤风》，比如肯德基宅急送4008823823。

可以是因为震撼的视觉效果。借由视觉抓住消费者眼球，让人过目难忘。如海澜之家2015年Hi系列上市，在沉闷的上海陆家嘴地铁站打造由T恤拼构而成的彩虹墙，增添了一抹亮色。

可以是因为辨识度或者让人舒适的香气或口味。如星巴克的开放式料理空间，一进门满是醇香的咖啡豆香气，让人忍不住想点一杯；如从来不打广告的老干妈，只要吃上一口，就赞不绝口，甚至风靡国外。这就是食物原生气味的魅力，恰巧是餐饮经营可挖掘的潜在价值，让气味成为品牌特征的一部分。

可以是因为酷炫的营销手法，给人带来耳目一新的感觉。如六神花露水联合RIO鸡尾酒，让人们对花露水味的鸡尾酒产生向往。

可以是因为走心的营销动作，感动了消费者。如网易云音乐5000条让人产生共鸣的地铁乐评。

……

4 五感+情感营销

一个有卖点的产品，让人记住的形式可以多种多样，然而在信息爆炸的时代，传统的视听二维手段除非特别出众，否则已经很难一下子打动消费者了。而实际上，人存在表象的五感——形、声、闻、味、触，更有内在的情感的感知。如果我们在营销过程中组合调动人的感官，让消费者得到视觉、听觉、味觉、嗅觉、触觉、感觉的全方位满足，是否能最大程度地给受众留下印象呢？研究表明，同时调动人的多种感官，比调动单一感官，受众的接受程度要更高。品牌和消费者的沟通互动，其实也是触动消费者五感，和消费者情感交流的过程。

触达是前提，触动才能被记住。这里的触动，其实可以理解为影响，好的品牌影响是一种愉悦兼向往的触动。

途牛&飞利浦——非趣不可，云境之南

2017年，途牛联合飞利浦定制了一条“非趣不可，云境之南”的云南游专线。整个行程处处巧妙融入飞利浦产品体验，如入住飞利浦总统套房，体验飞利浦电视、剃须刀、牙刷等明星产品；如登玉龙雪山、看篝火晚会，用飞利浦厨电亲手DIY美食大餐；如在大理古城体验云南特色生活，用飞利浦手机记录旅行中的美好时光；如体验云南特色扎染、制作飞利浦LOGO，洱海骑行倡导健康生活方式等，达人带队，全程直播，还特别邀请到明星林志玲为此条定制线路形象代言。途牛&飞利浦联合共赢，多感营销，整个过程巧妙自然，广告接受程度颇高，总曝光量6000w+。无论是途牛这条定制的云南游线路，还是飞利浦品牌、产品，都让人印象深刻。

紧密结合消费者的感官并且影响其作决策的能力，感官营销正在将我们对营销领域的感官与感知的理解付诸实践。科学合理地利用人类的感觉来左右情绪，在恰当的场景催生恰当的感觉，有利于更好地促进用户体验、向往、购买。

5 销售转化点

一个有卖点的产品，做到了让人记得住，那么如何进一步导向销售呢？我们说种子还要有销售转化点。怎么理解？让消费者想买，而且，买得到。

途牛&邮政储蓄银行3折畅玩迪士尼

奇幻如童话的上海迪士尼乐园本就是一个不管大人小孩都想去体验一次的地方，产品本身就有一定的吸引力。2017年万圣节，途牛联合邮政储蓄银行作了该乐园线路的联合推广：史上首次开放主题着装入园、大反派夜间巡游、宝藏湾幽灵海盗、明日世界炫舞派对、不给糖果就捣蛋人偶互动、万圣节主题美食等诸多吸引点，加之使用邮政储蓄银行卡可3折购的优惠，线路售卖+邮政卡办卡实现双赢，向往度得到了保证。且该活动的宣传无论落地在哪个渠道，都有直接的产品购买途径，无论是二维码抑或链接，都能保证消费者在产生向往冲动的时候买到产品，这就是我们所说的销售转化点。

现在的很多广告，流量很足，但是最终的销售转化却并不乐观。有人说品牌不等于销售，这既对也不对，品牌的最终目的都是销售，只在于时间长短的区别。如果能够播种一粒可在短时间内产生销售的种子，何乐而不为呢？因为种子内容失误而造成的销售惨淡，这个锅品牌不背。

百雀羚“一镜到底”

这个一经发布便在圈内外引爆刷屏风潮的长图广告，以民国时期一位女特工的接头任务悬疑展开，最终揭秘百雀羚“与时间作战”的终极任务，叙事、形式、创意让无数人纷纷点赞，瞬间创下3000万+的阅读量。风头无两，然而最后销售转化率却只有0.000 08。据业内人士研究，这波广告启示主打百雀羚“月光宝盒”紧肤套装母亲节活动，但为什么一定要买该产品，活动到底是什么都没说清，且没有产品购买落地页，全程广告创意“炫技”，转化惨淡。

一粒好种子，卖点要对，记忆点要足，同时，还要有销售转化点。其中，卖点和记忆点可以借助创意形式共同催化消费者的产品向往，还需要在消费者产生向往值的时候，适时为其提供进一步了解、购买的页面。这就好比女人买衣服，很多女人逛街，在购物环境的催化下购物欲望会很足，觉得很多衣服都美美美，然后买买买。可是在家里的镜子前再穿一次时，又觉得衣服好像也没那么好看，有点后悔。所以，在你的种子让消费者产生向往冲动，而你却没有适时督促他买买买的时候，他冷静冷静，环境一变心情一转，可能你就流失了一个客户。这也是“买得到”的重要性。

二、怎么播：优质种子匹配优质土壤

我们都知道，好种子在贫瘠的、不适宜的土地上很难生根发芽。种子的土壤选择，要看土地状态是否肥沃，还要看土地环境是否适宜。这也就是我们传播学所说的——渠道和受众。选择一个受众贫瘠的渠道，和选择一个兴趣缺乏的受众都很难产生效果。

“优质内容+优质平台+精准投放”，一直是传播制胜的关键。然而互联网不断发展，现在的传播环境已经大不同于传统的传播环境。怎么找到受众？传播渠道又该怎么选？都需要因时而变。

1 选择合适的土壤多样化种植

随着自媒体的出现，传统大众媒体的受众逐步被分流。以前大家是看电视、看报纸，黄金时段、黄金板块几乎可以辐射所有消费者。而现在，有的人喜欢看头条、有的人喜欢看微信、有的人喜欢看视频、有的人喜欢看直播，大众作为一个受众群体已不再存在，逐步分化成一块块碎片，每一块碎片都是一块小的受众群体；而不同的渠道，也在共享受众群体。

这样的受众环境，决定了种子的种植不能再局限于某一类土壤。如今，一个有影响力的传播方案几乎要覆盖视频、微博、推文等多个维度的宣传，多渠道互补，然后在渠道选择上进行资源倾斜与侧重：这块土壤种得多一些，那块土壤种得少一些；这块选择耐高温的种子，那块选择水性的种子。因地制宜，因时制宜，变中求进。

2 为种子选土壤——让种子自己选土壤

每一项推广行为初始，一般都要经过大量的调研，做受众分析、渠道受众匹配，但实际上，这些分析行为大都是需求公司和营销公司看似客观的主观判断。你的受众在哪里，到底该用什么渠道，没有人比受众自己更清楚。那么，如何让受众帮忙选择受众？社交网络的发展为这一切提供了可能。

在大众传播时代，内容是由媒体刊发，受众只能被动接受媒体提供的资讯和观点，形成“你传播，我接受”的传播定式。而在互联网快速发展的新媒体时代，每个人都能成为一个自媒体，受众由“被动型”变成了“生产型”。一个好的种子内容，作用到这批由需求公司和营销公司筛选出来的受众身上，品牌前六度圆满完成的同时，产生了一批反馈品牌后三度的受众，这批受众自愿将内容分享到自己的社交网络，他们作为自己圈层的KOL(Key Opinion Leader，关键意见领袖)，将需求公司和营销公司提供的种子作信任状包装，通过自己的渠道分享裂变。在同一个受众群体中，高度的相似性很容易产生圈子共识，也有利于个体之间形成品牌共识。通过这一层层的筛选过滤，渠道越来越贴近受众，需求受众也越来越精准，这也就是我们说的，让种子去选更适合的土壤。

当然，需求公司和营销公司的首批投放动作不能少，种子的内容也要能够引起受众共鸣，让受众自愿分享传播。

有道翻译官“戏精”H5

有道翻译官的一支创意广告H5极具典型意义。这支H5以讲述单身女白领深夜收到男同事微信信息为故事起点，描述接下来发生的各种“戏精”行为。纠结一番，结果男同事只是想让她翻译稿件，情节反转之处巧妙地植入“有道翻译官”品牌产品，除了单纯的产品曝光，还突出了其强大的扫描—翻译功能。浓浓的八卦氛围成功吸引眼球，H5在打开率上自然占得先机。从触发按钮“点击演戏”开始，画面以微信对话界面和键盘输入的方式呈现，熟悉的界面使受众产生代入感，竟有网友留言表示：好想要里面的表情包！该H5上线三天浏览量就超过1000w。

生产种子很贵，购买投放渠道也很贵。都说品牌打造其实是一项烧钱的行为，可任何需求方都希望小成本玩转大市场。如果借助受众自己的社交网络能够省下不少渠道费，那让受众帮忙生产种子，是不是更事半功倍呢？这就是我接下来要说的：UGC反哺PGC。

3 UGC反哺PGC——让土壤创造新种子

PGC，即专业生产内容；UGC，即用户生成内容。

种子在肥沃适宜的土壤中完成了开花结果，还能在这片土壤、这棵植株的基础上有繁育的可能，即产生新的种子。放在传播中，怎么看？

在大众传播时代，品牌传播的内容是由营销传播机构和内容制造商为品牌主的意志服务的，单方面输出，可以说没有UGC的产生。而当下，品牌传播很多是消费者自发产生的UGC内容，且这些内容因为个性化、非利益相关性等特点，极易引发消费者的认同和共鸣，并在某种程度上提供了新的传播素材，对PGC进行反哺。

《延禧攻略》的UGC攻略

毋庸置疑，《延禧攻略》这部剧是成功的。不管用户最近在使用哪个社交平台，似乎都能接收到对这部剧的信息讨论，甚至成为茶余饭后的谈资。这部剧能够产生这么多的话题，主要还是粉丝的个性化内容生产——

UGC。团队提供视频本身和剧情预告和幕后花絮，但是观众在此基础上自发生产了“妇婴保健院”“令后”“得体”“利落”的CP(配对)名；魏璎珞“黑莲花”、高贵妃“带货女王”、富察皇后“白月光”、乾隆“毒舌、杠精”一系列的标签；此外，还有“乾隆制作人”“皇城练习生”“蛙哥”“滑码”“魏姐”等网感十足的用词，成了营销过程中的流量担当。粉丝自发挖掘看点，不断自行生产共鸣梗，让这部剧成为粉丝狂欢，宣传也越来越丰富多彩，越来越有料。这部剧的成功，很大一部分原因是UGC的内容引爆了全网嗨点，实现了观众抱团，自发传播。得粉丝心者得天下，再多的水军都不如正确地利用social(社交)点引发“自来水”的参与。

三、怎么种：让种子深深扎根土壤

只有把种子种进土壤，让种子生根，才有发芽的可能。这也是营销行为和受众的关系解读：如何让行为吸引受众，如何让受众接受这种行为？这也就是我们所说的品牌向往度、参与度、体验度的达成。怎么做到呢？从两个方面入手。对象很清楚：种子和土壤。

种子和土壤互为对象、彼此吸引才能实现种子对土壤的深深扎根。吸引的前提是什么？有沟通，有互动，有回应。这就好比单相思，一个人一直主动，另一个人永远没有反应，想要开花结果着实为难。可一旦另一方有了反应，彼此就有了进一步交流了解的可能，越来越多的相处才能创造更多的情谊。这给我们的启示是什么？需求方和营销公司要在行为过程中多多创造沟通与互动。

1 保持魅力的种子

我们相信一见钟情，但是一见钟情的概率微乎其微，更多的感情其实是产生于日久生情。需求方和营销公司的种子想要一下子就种进消费者心里，除非这粒种子刚好做到三点合一，刚好又在这个有效渠道里碰到了有需求的消费者，让他在同质产品中更愿意选择你的产品。那么OK，刚刚好的交易。可是，如同一见钟情的不易一样，我们的广告行为很多时候都是在说服一群本来没有兴趣的人或者说只有一点点兴趣的人来认可并购买你的产品。那么显然，这个过程不会是一蹴而就的，而是需要持续性的沟通与说服。可消费者为何愿意一遍又一遍地听你讲解呢？因为这是一粒有魅力的种子，消费者感兴趣，愿意持续去关注。这也是为什么很多广告在内容策划上都采用悬念式的方法来进行持续推动的原因。

金龙鱼新品广告：一瓶油2万

跟其他大豆、花生等大体量油脂相比，稻米油的市场并不大。但金龙鱼、长寿花等多个知名企业却纷纷入场厮杀，抢占稻米油市场。金龙鱼最终凭借一则“一瓶油2万？谁干的！”的悬念式广告杀出重围，引发热议与关注。

2017年，《深圳晚报》整版刊登了一则这样的爆炸性新闻：“一瓶油2万？谁干的！”没有多余文字，整版画面立时带来强大视觉冲击，并引发受众强烈好奇。新闻一经发出立马引发网友热议，“天价油”舆论四起，微博大V也纷纷站出来发表看法。热议顶峰，金龙鱼立即出面：“一瓶油2万，我干的！”重磅推出新品，不同于粮油市场流行的大豆油、花生油和菜籽油——负有“油中黄金”盛名的稻米油。解释“2万”是指金龙鱼稻米油的双一万标准：谷维素和植物甾醇平均含量同时达到10 000ppm。数据化体现了稻米油的优质。

双一万稻米油这则广告，使得产品还未上市便已声名远扬，让众多消费者预先了解到，双一万稻米油重新定义了稻米油营养，是健康油种的升级换代。纵使消费者不知道什么是双一万，可但凡提到油也能联想起金龙鱼双一万稻米油，很好地避免了消费者知识缺位造成对好产品的错失或者误解，也在稻米油市场争得了一席之地。

这种悬念式广告就是种子魅力的一种。更多的例子，比如很多品牌喜欢投放电视连续剧的软广，借助连续剧的吸引力，植入自己的产品内容，也是非常不错的方式。

2 释放魅力的土壤

如果种子本身是有魅力的种子，我们如何更多地为种子创造和消费者沟通互动的条件呢？可以配合本身就能释放种子魅力的土壤——沟通互动性很强的渠道。电视购物、广播购物、直播平台、短视频平台、弹幕视频App、微商们使用的微信朋友圈等，凡是能和消费者直接沟通对话的渠道都在此之列。这些平台的优势是什么？交流感，以及信息往返传递的及时性。这种交流感有利于拉近和消费者的距离，而信息的往返能让品牌方直接听取消费者的心声，让广告行为变得灵活且亲民。

途牛直播频道：《定制师来了》

2017年，途牛重磅推出《定制师来了》直播栏目，打造“网络直播+玩法解读+观众互动”新模式，意在通过网络直播形式，给予用户更直观、互动感更强的新体验。“旅游+直播”，通过直播真实客观地展示旅游场景，可以让游客更加清晰、真实、全方位地感受到旅游产品的特点，这与以往传统的以风景图、旅游宣传片为主的营销方式相比，更受游客青睐。节目中定制师会为观看直播的用户解读当期目的地定制旅游玩法，并详细介绍与之相关的吃、住、行、游、娱、购等全方位内容，为用户量身打造个性化专属行程，帮助用户体验不一样的全球风景，挖掘定制旅游背后的价值和意义。观众在观看直播时也可通过提问与定制师互动，深入了解目的地风土人情，并现场提出自己的个性化需求，帮助途牛不断提升定制服务效率和满意度。直播，更好地向观众展示旅游产品；互动，更好地探知消费者的需求。

种子，应是三点合一的优质内容，这个内容需要需求公司和广告公司精心创造，并精心选择受众，匹配渠道进行官方播种。上乘的种子配合精准的投放，引发受众对种子的二次创造和二级、三级、四级……传播。同时，受众的向往度、参与度和体验度则和种子的内容策划以及土壤的沟通互动性息息相关。

种什么？怎么播？怎么种？三个问题，解决好了才能完成品牌九度的闭环，实现真正意义上的开花结果。

第六章

传媒对品牌的价值与运用

谋求商业价值，品牌是顾客的心智认知，是顾客的忠诚与依赖，创造感性溢价与超值，市场品牌的塑造离不开传媒。人们了解一个产品或品牌，总是通过各种传媒和渠道获得的。没有传媒，产品和品牌信息无从知晓，其感性价值无法触达顾客。有人甚至认为：品牌=产品+传媒。由此可见，传媒对于品牌的重要性。商品经济社会，传媒是品牌和消费者沟通互动的直接桥梁，借助传媒实现深入沟通，完成品牌九度的打造。

一、品牌九度

众所周知，品牌有知名度、美誉度和忠诚度。其实，品牌远不止这三度。依据品牌对消费者影响的递进关系，我们将“品牌九度”归纳为：知名度、认知度、信誉度；向往度、参与度、体验度；满意度、美誉度、忠诚度。

品牌建设初期，品牌方采用“阳刻”进行主动的信息输出，可以迅速在消费者心中建立品牌的知名度、认知度与信誉度；到了品牌建设中期，品牌方以消费者为导向的内容及营销手段开始着力于提升消费者对品牌的向往度、参与度与体验度，“阴刻”手法初显；品牌建设后期，在消费者对品牌有了了解与体验的基础上，品牌“产品和服务”的品质决定了消费者的满意度、美誉度及忠诚度。这是一个品牌影响力不断加深的过程，一个让消费者对品牌从“认知”到“忠诚”的过程。(后文将对品牌的“阳刻”与“阴刻”作具体解释。)

1 知名度

品牌知名度是衡量品牌等对象被公众知晓的程度的指标，侧重于对品牌名气大小和影响力“广度”的评价，也指潜在购买者认识到或记起某一品牌是某类产品的能力。

收礼只收脑白金

在中国，如果提到“今年过节不收礼”，随便一个人都能跟你说“收礼只收脑白金”。脑白金已经成为中国礼品市场的代表。作为单一品种的保健品，脑白金以极短的时间迅速启动市场，并登上中国保健品行业“盟主”的宝座，引领我国保健品行业长达五年之久。其成功的主要因素在于，找到了“送礼”的轴心概念，吆喝起中国礼品市场。

2 认知度

品牌认知度是品牌资产的重要组成部分，它是衡量消费者对品牌内涵及价值的认识和理解度的标准。在大众消费品市场，各家竞争对手提供的产品和服务品质差别不大时，认知度很大程度上会决定购买行为。而这里的认知度，也主要在于品牌的消费者教育。

海澜之家，男人的衣柜

男装品牌众多，七匹狼、利郎、劲霸、G2000、GXG……为什么海澜之家能够脱颖而出，成为国内男装销售的第一名？因为除了知名度，海澜之家一直在对消费者进行教育认知。从“一年逛两次海澜之家”的“30+”定位到“男人的衣柜”“一站式购物平台”，从印小天到林更新，海澜之家自创立起就不断寻找自己的客群定位并不断调整战略方向。截至如今，在消费者心目中似乎已经达成了这样的认知：①在海澜之家能一站式购买所有的男性服装单品；②这里不再是父辈的衣柜，年轻人也能找到合适的风格；③价格适中，性价比较高，不会太寒酸，也不会太贵。这些认知让海澜之家网罗了全国绝大多数的中产甚至低产男性，目标客群数量极为可观。清晰的消费者认知教育保证了客源，也让该品牌在同层次品牌中脱颖而出。

3 信誉度

这里的品牌信誉度跟消费者信任度不是一个概念。品牌信誉度其实质来源于质量信誉、服务信誉、合同信誉、包装信誉、三包三保信誉、首选信誉等多个方面，是品牌本身的诚信形象。“消费者信任”则是产品体验之后的消费者评价。品牌信誉是新客初次购买的重要前提，也是品牌正向知名度和认知度的重要保障。

三星爆炸，重创失信

三星年度旗舰Note7于2016年8月2日在美国纽约发布，是与iPhone7对抗的拳头产品。8月19日，该产品在美国、加拿大、澳大利亚、韩国等10个国家和地区上市。然而，因电池缺陷问题，Note7在全球范围内发生数十起爆炸或起火事故。全球多地交通部门、航空公司将其列入危险品，禁止乘客携带或限制使用三星Note7手机。9月初，在将与iPhone7正面交锋的节点上，三星宣布由于电池缺陷问题，全球召回已经发售的250万部问题Note7。据彭博估计，召回成本可能多达10亿美元。然而，烦恼并未就此结束。更换后的“安全版”Note7让三星频频打脸：一部更换后的三星Note7在美国西南航空公司的一架客机上起火、台湾用户的“安全版”Note7发生爆炸、美国明尼苏达州13岁小女孩险些遭“安全版”Note7烧伤。

因为手机产品的质量问题，带给三星电子的绝对不只是营收等经济方面的重大打击，被同行趁势抢夺商业蛋糕；更严重的是，这一事件带给全球消费者对于三星品牌的不信任和坏印象，难以抹平。

4 向往度

品牌向往度是指品牌在消费者对其有认知并认同的情况下，促使其想尝试、想购买、想拥有的品牌吸引力，例如iPhone系列。

乔布斯iPhone手机

乔布斯所创造的iPhone手机，抛弃了传统手机复杂的功能键盘，用一键出入的方式和人性化的操作系统，实现了丰富多元的移动互联网应用。苹果手机在全世界的巨大成功和对人类移动智能终端市场的改变，充分体现了其简单和美好的应用美学价值。价格虽高，却让拥有iPhone一度成为很多奋斗者心中的向往。

5 参与度

参与度是指品牌的系列营销或者品牌行为与消费者的互动程度，是品牌说服消费者的重要前提。

途牛事件营销 心中有沙哪里都是马尔代夫

(锋利的调侃和“被玩坏的马滩哥”PS大赛，参与度典型)

2015年7月30日傍晚，成都沙湾路十字路口，一名男子穿着大裤衩，坐在马路边的“沙滩”上，拿着一杯饮料，摆出一副在马尔代夫享受阳光的姿态。异于常理的行为，很快引发大众的思考。“只要心中有沙”迅速走红。照片被微信圈、微博疯传，知名演员沙溢、张歆艺等转载，引起疯狂关注，《成都商报》《扬子晚报》跟踪报道，腾讯新闻弹窗全网推荐，马路沙滩哥一夜成名。2015年8月7日，行为艺术家何利平通过微博爆出其在马尔代夫的照片对比图。“昨天马路，今天马代”励志图文爆出后，很快被《武汉晚报》《天府早报》等新闻媒体再次报道。

同时，网络上大众开始调侃图片真实性。众说纷纭，引起广泛的社会讨论。于是，在网络掀起一轮轮“被玩坏的马滩哥”PS大赛活动。2015年8月11日，行为艺术家何利平微博爆出途牛旅游网赞助始末。随后，“只要心中有沙”视频版爆出，让大众的眼球迅速聚焦在视频上，总播放量超过1000万。品牌露出，推动途牛旅游网成为中国人去马尔代夫旅游的头号在线旅游预订平台。该场营销，参与度空前，取得了很好的品牌效应。品牌营销不是单向喊话，只有与消费者充分互动，才能真正深入人心。

6 体验度

品牌的各项营销行为与消费者产生关联与互动后，让消费者体验产品被提上日程。品牌体验度(非消费者体验，亦非用户体验)是消费者对品牌的接触程度，是知道iPhone还是购买了iPhone，是购买iPhone又买了iPad，还是又进一步购买了Apple Watch……单品？系列？全品类？

品牌体验度最常见的例子就是各种品牌的派样体验，免费试穿、免费试吃、免费试用等。这种派样体验还分两种：一种是体验评价类的，邀请KOL体验评价为品牌背书；另一种则是大众消费者普通小样派发，例如无门槛派样，或者购买A产品，派发B、C、D小样，这种消费者派样是直接通过免费体验，促进目标消费者购买试用产品的正装，甚至同品牌其他产品的正装。

“确认过眼神，我遇上对的人”，用在品牌体验度上，就是“体验过产品，是我一直想买买买的牌子”。很多人就是通过一件商品认同一个品牌，通过一件商品感知并认同这个品牌的理念与风格，成为品牌的忠实拥趸。无印良品就是品牌体验度的典型。“无印良品”意为“没有商标的优质商品”，旨在通过彻底实现商品生产流程的合理化，制造简洁而舒心的低价位商品。具体做法是“精选材质”“修改工序”“简化包装”，重新审视商品。追求的是“这样就好”，让顾客保持理性的满意度。它的粉丝偏好日系简约风，不喜欢浮夸过度的包装，对产品本身品质有着很高的要求，加之抛却包装之后的产品价位，也是人们追捧无印良品的重要原因。很多人就是买了它的一件商品，认同它的理念，笃信品牌下的其他产品品质，不断追随这个牌子买买买。

7 满意度

满意是一种心理状态，是客户的需求被满足后的愉悦感，是客户对产品或服务的事前期望与实际使用产品或服务后所得到实际感受的相对关系。如果用数字来衡量这种心理状态，这个数字就叫作满意度，其包含了消费者体验。同时，客户满意是客户忠诚的基本条件。

大众点评

大众点评利用口碑，突出第三方点评模式。大众点评网观察到消费指南类网站传统模式这一信息不对称的短板，便反其道而行，把消费者放在主导地位。相比传统商家自卖自夸的营销模式，这一主张无疑获得了更多消费群体的认可和喜爱。主张致力于做消费者自己品味后互相分享信息的平台，重点突出中立的第三方点评模式。这一模式虽不是大众点评网的首创，却被其发扬光大。用户满意度和评分成为该平台的重要检索条件，满意度直接影响店铺排名、露出位置，影响老客复购及新客购买。

8 美誉度

满意度、美誉度其实都是消费者对品牌的评价深度。美誉度是基于满意度的基础之上，对于品牌提供的需求满足感超出预期后愿意为品牌进行口碑传播的品牌力。这就好比品牌拥有了自己的粉丝，粉丝自发地宣传并提升品牌形象，成为品牌推广的重要助力。

《大圣归来》口碑营销战胜粉丝经济

不同于同一时期上映的其他影片，《大圣归来》并没有做多而广的官方宣传，也没有强大的明星效应，却凭借其良好的口碑成功杀出一片天，成为最意外的黑马。许多人标榜自己为“自来水”“纯净水”，为这部他们心目中“堪比好莱坞的良心动画片”摇旗呐喊。而这种通过消费者的自愿宣传，将产品信息、品牌传播开来，以口碑传播为途径的营销方式，便是“口碑营销”，也是美誉度的爆发力。

9 忠诚度

品牌忠诚度是指消费者在购买决策中，多次表现出来对某个品牌有偏向性的(而非随意的)行为反应。它是一种行为过程，也是一种心理(决策和评估)过程，同时也是前八度铺垫下的显性表现。消费者在对品牌满意甚至美誉传播的基础上，成为品牌的忠实拥趸，忠于品牌，不断回购。

消费者品牌九度，三度一进阶，是消费者对品牌的接受程度，亦反映了品牌的发展程度。这里的三度一进阶，并非品牌行为抑或营销节奏的先后顺序，因为品牌的每一度动作都是时刻发生的。这里的三度一进阶，实际上是指对消费者的影响程度，是品牌对消费者个人的影响程度，由浅入深：如果只达成了前三度，那么只能说这是一个有知名度的品牌；只有不断激发消费者的向往度、参与度和体验度，才能够不断获取新客，扩大市场，这一阶段是品牌“有发展前景”的前提；在此前提之下，产品本身的使用体验则决定了新客是否能成为老客。

前三度侧重品牌本身的形象建立以及消费者认知教育；中三度则是通过品牌的系列直接动作，获得消费者的间接反馈；而后三度，则是消费者的直接体验反馈。前六度侧重品牌维度，后三度侧重消费者维度。只有完成消费者九度，品牌才真正被认可，才有助于实现基业长青。

二、传媒：品牌与消费者的沟通桥梁

产品是一系列对我们有价值的“物”，当很多差不多水准的同类产品放在一起时，我们实在很难分出优劣。于是，“品牌”应运而生。

什么是品牌？简单来说，品牌可以“物化”为一个“名称”、一个“符号”，勾起消费者对它的一系列联想。广告大师大卫•奥格威曾这样解释“品牌”：“它是属性、名称、包装、价格、历史声誉、广告方式的无形总和，同时也是消费者基于自身使用经验的一种印象界定。”即，“品牌”既是品牌方主动输出打造的内容，也是消费者印象反馈的结果。也就是说，它存在双重视角，由品牌方和消费者共同定义并构建。那么显然，一个品牌的打造，需要品牌方和消费者不断沟通互动，引导消费者的正向品牌印象，与消费者建立情感连接。也正是在此基础上，我们提出了“品牌九度”：知名度、认知度、信誉度；向往度、参与度、体验度；满意度、美誉度、忠诚度。

我们强调品牌九度“三度一进阶”的递进关系，强调品牌和消费者是“一一对应的关系”。“三度一进阶”并不是指品牌行为抑或营销节奏的先后顺序，而是指品牌对某一个消费者的影响程度；“一一对应”则好比一千个人心中有一千个哈姆雷特，品牌方可以定义好自己的品牌，但最终还是要看消费者如何“买单”。品牌对消费者实现正向完整的“九度”，才算一个品牌的构建完成。

我们提到，品牌的构建需要不断和消费者沟通互动，建立情感连接。那么，两者间必然需要对话的桥梁是什么？——传媒。传媒对品牌最重要的影响是什么？聚合传播渠道，通过各种广告、营销手段率先在消费者心中埋下品牌勃发的种子，后续不断对这粒种子多手段催化，促进它生根、发芽。

1 种子【知名度、认知度、信誉度】——种瓜得瓜，种豆得豆

(1) 种子是什么

品牌的初始行为就是在消费者心田扔一粒种子。用“扔”，是因为可能存在行为偏差，这粒种子并没有准确落到消费者心上，又或者落到了，但是并未埋进消费者心里，风一吹就跑了，对消费者来说不痛不痒，没有任何存在感。所以这粒种子，我们希望是种进去的，会影响到它以后的生根发芽，开花结果。只有这样，才是一粒有意义的种子。

那么这粒种子是什么？它其实存在两重属性。是品牌的产品服务本身，也是品牌通过传媒向消费者传递的自己的品牌定位。是品牌的产品向，也是传播的内容向。又或者说，是将产品进行定义包装后，通过传媒向消费者传达的内容。这个内容，是品牌方自己的品牌定位。这一过程，就是我们说的知名度、认知度、信誉度的初步打造。这是品牌方对消费者的单向喊话，借助各类型媒体渠道，把想传达的品牌信息，组合轰炸给消费者，告诉消费者：我是一个这样的品牌。这粒种子，就是品牌最想传递的信息，它促使消费者生成最初的品牌印象。

要旅游，找途牛

“要旅游，找途牛”是途牛的品牌Slogan(广告语)。这个Slogan确定之后，无论选择的媒体是什么，无论传播的是视频画面、静态画面抑或声音广告，所有内容都离不开“要旅游，找途牛”。它给了消费者清晰的初始印象：途牛是做旅游的，想要旅游可以选这个品牌。说是初印象，是因为

这个品牌到底怎么样，对消费者来说仍不好判断，王婆卖瓜，这个瓜我得吃了才知道是不是值得你那样夸。但是对途牛来说，触达的消费者中，这批人知道了途牛是做旅游的，以后有需求能够想起途牛，进一步尝试了解，这就是种子的作用。这粒种子，投放的广度、准度、深度等是品牌建立知名度的关键，信息内容的侧重、丰富度、易消化程度等将影响消费者的品牌认知，而品牌自身的诚信形象则影响消费者对品牌信誉的初步判断。

(2) 种子决定了你是什么

中国有句古话：种瓜得瓜，种豆得豆。什么种子，开什么花，结什么果。品牌由品牌方和消费者共同构建，但种子决定了品牌的发展方向和基本调性。我们前面提到，这里的种子有两种属性：产品向和内容向。

先说产品向。这里的产品指品牌的产品和服务。时间和用户都是产品的试金石，任何一个产品不管品牌方吹得多天花乱坠，最后都要接受市场的审判。产品品质不过硬，即便在知名度、认知度、信誉度上进行再多经营，在品牌九度的后续构建推进中都会遇阻受挫。坏产品赢不得好口碑，谈何忠诚与美誉？一个品牌想做大做强，好产品是至关重要的种子。

再说内容向。这里的内容是指品牌推广过程中品牌主想要传递的信息，包括但不限于品牌理念、品牌定位、产品差异性、产品功能、促销活动等。品牌传播过程中经常会出现这样的误区：信息和目标的不对称。传递A信息却想达成B目标，可想而知，这粒种子其实就是无效且浪费的。这也就是我们所强调的，种子决定了你是什么。你不能种下一粒玫瑰花种子，期望开出一朵向日葵，就是这个道理。它给品牌的启示是：想清楚自己的目标是什么，再权衡种什么样的种子。

2 生根发芽【向往度、参与度、体验度】——生存的可能性

确认了种子是品牌主准备向消费者投递的信息，符合品牌主知名度、认知度、信誉度的信息定位，接下来，就是如何让这粒有品质的种子在消

费者心里生根、发芽。生根，种进消费者心里，抓住这批消费者的心智；发芽，则是像树苗拔高长大一样，一点一点成长变化并让消费者渐进式看到、了解到更多的内容，以至在同类产品的主观判断中，不断占据更多更大的选择倾向。这一过程，就是我们说的：向往度、参与度和体验度。

(1) 可以“生根”的种子

在现在这个产品过剩，信息和营销传播亦严重过剩的时代，消费者的心智空间已严重不足。种种研究表明，在一个成熟的商业品类里，除非出现颠覆性的创新和革命，否则大多数在某一品类里领先的第一品牌会一直领先。消费者往往能记住第一名，勉强记住第二名，再往后就很难分拨消费者更多的关注点。所以，要想占据消费者心智，让种子生根，你需要走进一个全新的领域，或是开创一个全新的品类，并且尽快成为这个新品类里的第一。当然这很难。还有一种方法就是，如果市场上没有空位，就要重新定位竞争对手。简言之，寻找在消费者心中重新占位生根的重要因素：差异性。这粒种子在产品本身要具备差异性，在传播内容上也要强调差异性。

立白不伤手洗衣液

国产的立白洗衣粉，大家最熟悉的就是它“不伤手”的宣传。1997年立白开始推广自有品牌的洗衣粉。当时，中国日用化学品市场上已经有了宝洁、联合利华这些外资巨头，以及一大批国内新秀。立白的创始人想了很多办法，最后选择“不伤手”来做概念，请了陈佩斯在电视广告中天天强调“洗衣服干净，不伤手”。这给消费者传递了一个感觉，那就是“原来其他洗衣粉是伤手的”，通过这样重新定位竞争对手，也获得了巨大的成功。

有人说，除了差异性还可以用“感性”“吸睛”等多重手段占领消费者心智。但实际上，我们放出的这些种子，需要的是最显著的爆发力。情感可以打动消费者，抓眼的包装也能打动消费者，噱头也能躁动一时，但是消费者很少为感动、为包装、为噱头买单。因为，消费者最终消费的还是产品本身。所以这里的种子，是一个最基本但却至关重要的内容，所谓感动、包装、噱头等，应该是在生根之后的发芽催化。

(2) 怎样让种子“发芽”

实际操作中我们会发现，开创一个全新的品类，做一个全新领域的“第一”很难；重新定位竞争对手，找到自身所谓的“差异性”，这种差异也不会太大，很快就会被复制或者更新。这种情况下，行之有效的方法是：把初级产品竞争提升到客户体验的差别，将用户体验视为独特的经济产出，实现从工业经济到服务经济，再到体验经济的上升，这才是品牌价值增长的持续动力。这就是我们所说的“差异性”生根基础上的后续“发芽”。

在消费者心中或多或少占了一席之地，接下来才有可能提高他们的产品向往，促进品牌互动参与，实现品牌体验度的加深。经验表明，消费者天生都是不知足的，因此，努力地永久满足你的顾客是危险的误导。相反，品牌方应该努力地促进消费者对品牌保持迷恋与向往，这才是“中三度”的真谛。

正如苹果产品对消费者心智流量的认知占据。生根的基础上让消费者向往，魔力一样的吸引力。

都说传媒对品牌有着不容忽视的作用，可不管传媒有多少触点，释放了多少内容，最终还是要看前三度的“种子”内容是否优质，是否有足够的爆发力。传媒，不过是帮助品牌和消费者更好地沟通对话，在形式和技巧上让消费者更容易接受，而让消费者向往、参与和体验的最终还是产品本身。“种子”发芽，需要足够的品牌吸引力和不断的品牌创新力。

3 开花结果【满意度、美誉度、忠诚度】——茁壮的可能性

“酒香不怕巷子深。”可如果巷子浅一点，再架个大风力的吹风机，这个酒香是不是能够传得更远，是不是有更多的人寻酒香而来呢？

传媒对品牌来说就是那个“大风力”的吹风机。在品牌知名度、认知度和信誉度的打造上，传媒尽可能地帮助传播品牌主扩散声音；在品牌的向往度、参与度和体验度上，传媒主要是在形式、技巧和触点上对品牌的营销活动辅以支持，这还要依靠品牌的种子本身的抓力以及后续各种营销手段对消费者的吸引力，来对种子进行发芽催化；而在品牌的满意度、美誉度和忠诚度上，传媒则是让消费者的声音最大化。“水能载舟，亦能覆舟”，因为传媒本身，就不是品牌的一言堂。

(1) 花好看吗？果子好吃吗？

“酒香不怕巷子深”，这个“酒香”到底谁说了算？品牌发展完成了前六度，消费者最终产生消费，这粒种子终于在它种植的消费者心里完成了开花结果。那么，花好看吗？果子好吃吗？这就涉及品牌的满意、美誉和忠诚。品牌的产品是否能满足预期，甚至超出预期带来惊喜，然后让消费者持续购买并口碑传播呢？如果答案是“是”，那么，这样的结果对种子来说，既具备了观赏、食用价值，又具备了繁殖能力。对品牌来说是什么呢？是品牌主+消费者对品牌形象共同定义的完成，更是让品牌发展壮大拥有了最基本却最行之有效的助推器。如果答案是“否”呢？我们前面提到，传媒不是品牌的一言堂，水能载舟，亦能覆舟。这种评价在传媒的助推下，只会加速品牌的灭亡。

成龙霸王洗发水“Duang”特效

“Duang Duang Duang”，一条名为《我的洗发液》的恶搞视频让因虚假宣传淡出市场的霸王洗发水重新回到了人们的视线中。这则把成龙2004年代言霸王洗发水的广告和庞麦郎的《我的滑板鞋》做了无缝衔接的视频激起了网友们转发、评论的热情，成龙当年那句“Duang”也成了网络上最热门的词语。可以说，不管是2004年，还是近几年，这则广告的魔性转发，知名度都是极高的，可以说传播甚广，种子播种面极宽。可实际上，霸王集团却因虚假宣传陷入销售困境。花好看吗？果子好吃吗？消费者给出了“否”的答案。有媒体称霸王洗发水含致癌物质，霸王国际停牌！创始人夫妇要离婚，“Duang”的一下，霸王集团暴跌30%！

(2) 自花授粉，还是异花授粉？

种子实现了开花结果，消费者完成了满意度的正向评价，甚至觉得品牌提供的东西超出自己的预期，让消费者做到了“美誉”传播。这种结果，对种子来说是信任度更高的落地繁殖；对品牌来说，则是声量继续扩大，焕发生机的可能性。

基本生物学指出，种子的繁殖有自花授粉和异花授粉。这和品牌的后三度传播也有异曲同工之妙。所谓自花授粉，是指一朵花的花粉给到同一朵花或给到同一植株上的另一朵花，这就好比消费者满意后，自发地在消费者个人的社交网络传播；异花授粉，则是指一朵花的花粉给到另一植株，两个植株可能风马牛不相及，主要还是借助蜜蜂、蝴蝶等昆虫的传播，这里的昆虫更类似于网络上各发言主体的社交平台。

品牌的后三度，其实重在“美誉”的达成，重在消费者口碑，通过口碑招徕更多顾客，通过品牌，让消费者忠诚。社交媒体时代，比起广告来说，消费者更相信自己信任的人所推荐的产品和服务。这些“信任的人”可以是朋友圈的好友、自媒体大V或者各种领域的网络草根红人。根据麦肯锡的一项研究显示，这些影响者造成的口碑传播效应是付费广告的两倍，而吸引来的顾客则比其他方式招徕的顾客拥有高出37%的留存率。

例如，热度居高不下的抖音短视频，不仅带火了很多单品，也带火了很多旅游地。草根短视频，10秒真实展示所闻所见，每个人都能借助平台流量成为一级KOL，受众看到后产生共鸣，会自动继续成为二级、三级、四级传播源，这个传播数据还将不断扩大。

被抖音带火的旅游地

重庆　9D山城&壮观洪崖洞

在这里，问路不讲东南西北，只讲上下！这里，前门进去，脚下是底层大厅，后门出来，脚下是数米悬层；许多抖友们不辞辛苦，就为了来拍一次穿楼而过的轻轨；还可以去洪崖洞逛山城老街、观赏两江风光、品尝当地美食。这里以巴渝传统建筑特色的“吊脚楼”为主体，依山就势，沿江而建，被称为重庆的千与千寻，而这种神奇只有在重庆这座山城才能感受得到。

西安 去永兴坊喝摔碗酒

有人说抖音控制了自己的“多巴胺”，而西安则通过一系列的抖音短视频让全国人民都爱上了西安。这里有眼花缭乱的西安美食；目不暇接的西安美景；充满当地特色的手工艺品；成为让无数网友半夜流口水发誓要去的“网红城市”。其中一项热门挑战，就是在西安永兴坊，5块钱一碗米酒，喝干碗中酒，“咣当”一声砸下去，霸气又过瘾！不少人看了抖音，不远万里来到大西安，只为亲自体验一把摔碗酒。如今，摔碎的碗片已经堆成了一座小山。在一片清脆的“摔碗声”中，西安“一摔成名”。因为抖音，现在想要摔上这只酒碗，排队起码半小时以上。

厦门 去鼓浪屿吃网红冰激凌

要说厦门“最草根”的“抖音王”，当属鼓浪屿的土耳其冰激凌师傅Bayram Kalayci。这个身高192的土耳其帅哥中文名叫“拜然”。店内放着抖音最火爆的音乐《带你去旅行》，拜然灵活地耍着金属棍；把冰激凌黏得紧紧的，时不时调侃客人，将其快速“抢走”。看完网红冰激凌小哥实力撩妹，还可以在厦大散步，互相叙述着青春的故事。去鼓浪屿，爬上日光岩，穿街走巷，再去露天的小酒吧听听歌，喝点小酒，然后慢悠悠走回民宿。

三、从“阴刻”“阳刻”看品牌

为什么要打造“品牌”？“品牌”可以带来什么？任何一个消费品牌在打造之初都会预期品牌效果。一个“品牌”，不仅要为产品带来知名度，还得促成消费者购买。如果消费者愿意对其使用价值以外的额外价值付费，那就实现了品牌的“溢价”，这就是很多品牌方追逐的“品牌价值”。

我们都知道，品牌建设是品牌方的主动行为，而购买则是消费者的主动行为。如何让消费者从被动接受品牌信息到持续主动购买，甚至产生良性口碑帮助品牌扩大知名度，这就对品牌的建设手段提出了要求。雕刻手法中的“阳刻”和“阴刻”可以给到品牌建设很多启发，如图6-1所示。

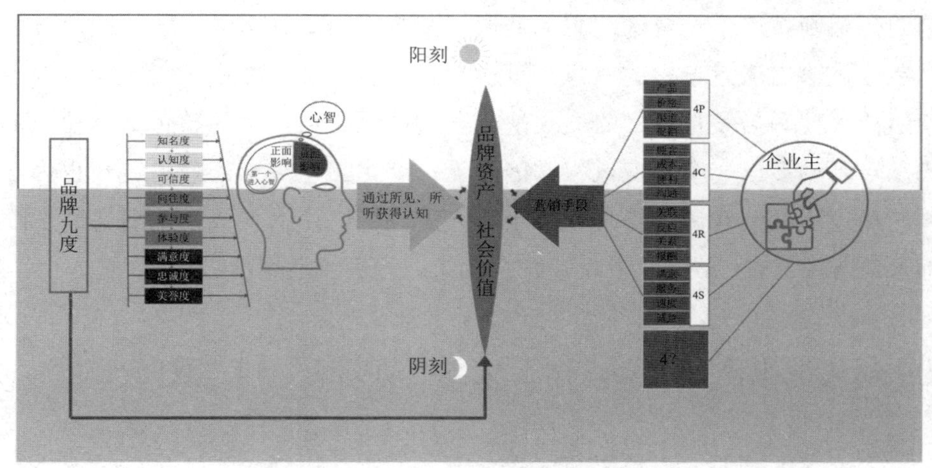

图6-1　品牌建设的“阴刻”“阳刻”

1 “阳刻”“阴刻”的品牌联想

“阳刻”“阴刻”都是将笔画显示于平面物体之上的立体线条，“阳刻”为“凸”形态，白底红字；“阴刻”为“凹”形态，红底白字。

在古代，阴阳刻的显著功能应用，在于信息“复制”，而信息复制的主要形式有两种：“雕版印刷”与“拓印”。“雕版印刷”是典型的“阳刻”范例，印刷工人在凸起的阳文表面涂上墨汁来完成文字在纸张上的批量印刷；“拓印”则是典型的“阴刻”范例，常见于内容精彩或者笔锋遒劲的“石碑文”，后人对其内容感兴趣，想要留存或品鉴，常常会自发“拓印”。

在现代，阴阳刻则更多地用于书法作品的传世或临摹。人们通过阳刻将优秀的书法作品留存于世，对大家书法感兴趣的人则会购买字帖阴刻临摹。

可以发现，从古至今，无论是阳刻还是阴刻都有一个信息输出的前提，不同之处在于两者信息的传播方式、影响力以及持久度。

就品牌建设来看，阳刻的传播过程接近品牌方主动的信息输出，阴刻的传播则接近于消费者的主动获取；阳刻“白底红字”一目了然地凸显“字”，输出清楚直白的信息，可快速在消费者心中形成清晰印象，但印象的持久性和后续反应却略微欠缺；阴刻“红底白字”的整体信息输出形式，较阳刻多出一个反应过程，因而无法产生立竿见影的效果，却也因这一消化过程让消费者对信息内容更为印象深刻，进而促成了消费者的主动行为。两者各有优缺点，在品牌的应用上，也各具适用性。

2 从传统媒体到大众媒体，从“主动喊话”到“双向互动”

传统媒体时期，消息闭塞，受众“只能听而不能说”。这种情况下，品牌方拥有越多话语权，越利于引导消费者购买自己的产品和服务，所以品牌一般只要搞定媒体，某种意义上就能搞定市场。阳刻性质的品牌方单向信息输出方式在这一时期作用巨大。

新的媒体环境下，人人都能在公共话语阵地进行发言，开放性的自由话语环境已然瓦解了传统媒体对话语权的垄断。互联网时代下的信息爆炸很轻易就能淹没一个品牌自嗨式的单向喊话，同时，会对多方信息进行思辨、比较的消费者还拥有了自己的话语阵地和个人影响力。这一时期，信息更多地变成了品牌与消费者之间、消费者与消费者之间双向甚至多向的交互沟通。阳刻的高处喊话模式效果打折，阴刻的互动模式效果更为凸显。

由此可见，品牌建设不仅需要品牌方进行主动的信息输出，更需要沟通性、互动性的输出方式去促成消费者了解、理解并向往品牌，通过系列反应加深消费者对品牌的印象，促使其主动体验产品，进而在其良好体验的基础上产生优良口碑，成为新兴媒体形式下品牌更有力的信息传播渠道，协同助力品牌建设。

举个典型的例子。为什么从来不打广告的“老干妈”辣酱能从国内一路火到国外？除却产品本身的品质，新兴媒体“人人皆渠道”的优势大大成全了其优良口碑“一传十，十传百”的裂变式扩张、淹没式的正面评价，迅速将“老干妈”打造成为辣酱界的国民品牌。老干妈“阳刻”抛产品，消费者“阴刻”助传播，这就是新时代“小成本玩转大市场”的绝佳机遇。这一机遇促成了品牌发展从阳刻到阴刻侧重的转变，更促成了营销方式从“4P”到“4C”的变革。

3 从“4P”到“4C”，从“品牌方导向”到“消费者导向”

传统的“4P”理论以企业为中心，在制定策略的时候，将产品(Product)、价格(Price)、渠道(Place)和促销(Promotion)这四大企业方的可控因素有效结合，追求利润最大化，只考虑企业自身条件，采用各种手段让消费者了解产品，消费者往往不为其成本加利润法则所动。

“4C”理论则主张以顾客(Customer)、成本(Cost)、便利(Convenience)、沟通(Communication)来指导企业的营销策略，依据消费者需求，控制产品成本上线，实现产品、渠道、信息的易触性、便利性以及趣味性，创造交互行为，在双方你来我往的良性互动中找到能同时实现各自目标的通途。

从“4P”到“4C”，是“品牌方导向”到“消费者导向”的趋势变革。消费者导向的“4C”理论，一切以“打动消费者”为前提，从消费者的角度去推行自己的产品和服务，将“消费者满意”放在首位，因为只有充分把握住购买决策者的心理，才能真正打动消费者，推动其发生购买行为。

怎样才算真正打动消费者？这里就又涉及品牌对消费者的影响力，即“品牌九度”。

4 从“阳刻”到“阴刻”，从“认知度”到“忠诚度”

依据品牌对消费者影响的递进关系，我们将“品牌九度”归纳为：知名度、认知度、信誉度；向往度、参与度、体验度；满意度、美誉度、忠诚度。

品牌的建设目标不是吸引消费者的一次性购买，更多是希望通过系列营销手段，不断加深品牌影响力，让消费者对品牌能够从“认知”到“美誉”，从忠诚购买到美誉传播，完成“阳刻”到“阴刻”。

品牌建设初期，阳刻是品牌方通过主动的信息输出，让消费者对品牌产生知名度、认知度和信誉度；品牌建设中期，“消费者导向”的内容和手段则致力于提升消费者对品牌的向往度、参与度和体验度；而在品牌建设后期，消费者对品牌有了了解与体验，那么品牌“产品和服务”本身的品质就决定了消费者的满意度、美誉度和忠诚度。

这一系列过程，“阴刻”和“阳刻”缺一不可，“4P”与“4C”相辅相成。市场运营以“4P”为基础，“4C”为根本，品牌建设以“阳刻”为前提，“阴刻”为助攻，共同促成了消费者从品牌“认知度”到品牌“美誉度”的夯实。

回归阳刻和阴刻本身，在雕刻技法上，阳文字体凸出，一目了然，似乎更见雕刻功力，所以很多初次接触这两种雕刻技法的人都认为阳刻要比阴刻难。实际上，阳刻可以直接看到图案雕刻的效果、深浅高低，而阴刻却很难掌握图案细节和浮雕效果，阴刻要比阳刻更见功力；在后续使用上，阳刻的突起表面极易磨损，表面内凹的阴刻则更经久耐用。类比品牌建设也一样，品牌的阴刻远比阳刻更难达成，可是一旦达成效果却远非阳刻可比。

从“阴刻”“阳刻”看品牌，“阳刻”见之于品牌的载体、表象、传播内容等，客观直白；“阴刻”则见之于品牌的内涵、企业文化，是消费者在品牌体验后形成的一种对品牌的既定印象，主观能动。形成品牌阴刻的消费者，自成媒体为品牌口碑传播，自主打造新兴媒体形式下更具可信度和影响力的其他渠道，彻底打破品牌阳刻的单向喊话困局。这是品牌“溢价”之外的更高价值，亦是当今品牌建设的理想成效。

5 传媒助力品牌赢得竞争

媒体的作用是告知性的，媒体宣传是工具和手段；品牌是市场和消费者对品牌方的评价，媒体是企业向市场和消费者沟通交互的管道和工具。成功的品牌宣传既要靠过硬的产品质量，还要借助广泛的媒体宣传来使巧劲。从种子的播种到繁殖，从品牌的阳刻到阴刻，每一个环节都离不开传媒，善于利用传媒，才能让品牌实现九度闭环，完成阴刻烙印。

第七章

传媒渠道运用与法则

渠道，词典解释是指水渠、沟渠，是水流的通道；引入商业领域，指商品销售、流通的路线，是结构、网络和流程，即产品从生产者到最终消费者手中，完成商品交换的过程，也是价值让渡的过程。

商品要实现消费者的主动购买，首先要让他们知道、了解、信任，然后想方设法让他们能方便地买到。连通知道和买到的渠道，就是传播和销售的渠道。

在过去很长一段时间里，投中央电视台广告、找形象代言人、一句Slogan，被广告人奉为营销策划的“三大法宝”。我们不否认策划的功劳，然而这其中最真实、最给力的原因，是传播渠道和售卖渠道的单一。自然重合、单一的传播渠道和销售渠道所对应的人群也是统一的，广告主只要在这两个渠道上投广告、铺货物，人们就能看到、知道、买到。

如今，传播渠道越来越多样，消费者购物的层级场景越来越多变，获取信息和消费的时间也越来越碎片化，传播覆盖的人群和销售覆盖的人群不再自然重合，再用“三大法宝”的方法就没那么好使了。

如何将传播渠道和销售渠道所覆盖的人群再次统一起来，提高转化和销量？在以往市场营销理论的4P组合中，渠道的维护是一个相当重要的概念。一般而言，渠道越多，企业产品市场的扩展可能性就越大，同时，企业对产品销售的控制能力和信息反馈的清晰度也越低。如何整合渠道，成就渠道模式的设计权？本章将重点从销售渠道和传播渠道的角度，分析两个渠道之间的关系，以及精准渠道对于传播的意义。

一、销售渠道

在马克思主义政治经济学中，商品的定义是“用于交换的劳动产品”。随着经济的发展，许多自然资源以及非劳动产品也进入交换领域，因此，现代经济学家在原定义的基础上进行了扩展与外延，得出了广义的商品定义，即“商品是用于交换的使用价值”。其中特别强调，“必须通过交换过程，实现使用价值的转移才叫商品”。

当产品具备了“商品”的条件之后，自然会形成其内在的价值，也就是我们通常说的价格。从下了生产线开始，产品就面临着一个很重要的问题——流通。产品只有在市场上正常地运转和流通，实现使用价值的转移才能真正成为商品。流通的方式就是渠道，产品只有通过一定的流通渠道，才能到达消费者手中。打通“卖出商品的渠道”，就是打通了市场的任督二脉之一——销售渠道(另一个是传播渠道，我们将在后面具体阐述)。

销售渠道是指“产品从生产者向消费者转移所经过的通道或途径，它是由一系列相互依赖的组织机构组成的商业机构，即产品由生产者到用户的流通过程中所经历的各个环节连接起来形成的通道。销售渠道的起点是生产者，终点是消费者，中间环节包括各种批发商、零售商、商业服务机构(如经纪人、交易市场等)”。

我国改革开放以来，当企业生产的大量产品急需特定的流通渠道销售时，全国掀起了持续多年甚至延续至今的渠道建设，包括交通建设潮(物流渠道，本章不具体阐述)、商品集散地建设潮、各种专业市场建设潮以及城市商业中心的建设等。

各大城市先后出现了垄断各地的百货零售和大型专业连锁卖场等。百货零售如新世纪百货、大洋百货、王府井、北京赛特购物中心，大型家电专卖如国美电器、苏宁电器，大卖场如家乐福、沃尔玛、华润苏果，大型综合商业广场如金鹰天地、德基广场、万达广场，沿街门店如阿迪达斯专卖店、张小泉专卖店，批发市场如义乌小商品批发市场、体育用品批发市场……随着互联网的发展，网络售卖平台也应运而生，如综合类电商淘宝、天猫、京东、蘑菇街等，特卖电商唯品会、拼多多、楚楚街、折800等，二手电商闲鱼、转转等，品牌电商小米、华为、网易严选等，跨境电商亚马逊、eBay等。

当市场处于卖方市场时，渠道左右着商品的流向，对商品生产的规模和效益起着决定性作用，此时的渠道比产品更重要，任何产品好像只要有了渠道就都能卖掉。

与之相对应的，是传统媒体在1990年到2010年之间的快速发展，“信息渠道”的建设也受到了广泛关注。在这个阶段，任何传统媒体产生的内容只要有报纸、电视等渠道，似乎都有人消费。此时我们发现，往往只要广告主在主流媒体投放广告的同时，在主要百货商场进驻产品，就能产生较高的销售额。这也是为什么20世纪90年代每年都会有“央视标王”出现的原因。

例如：

1994年11月，孔府宴拿下央视标王。很快，“喝孔府宴酒，做天下文章”的广告语让这家名不见经传的小酒厂家喻户晓。那一年，孔府宴就实现销售收入9.18亿元，利税3.8亿元。

1996年，秦池以6666万元一举成为标王。这一年，秦池销售额比1995年增长了5倍以上，完成了地方酒厂到全国知名企业的大转变。

1997年，爱多VCD以2.1亿元夺得新标王。在夺标当年，爱多VCD的销售额高达十几亿元，迅速成为生产VCD规模最大的企业，一时风光无限。

但是，在“渠道为王”的时代也同样存在另一个现象，就是商品质量参差不齐，真品、假货鱼龙混杂。以“央视标王”秦池酒为例，尝到甜头的秦池第二年砸下3.2亿元，蝉联标王桂冠。同年，秦池被媒体曝光了“勾兑事件”。最终，产品的质量问题使得秦池白酒的销售一落千丈。

爱多VCD也有相似遭遇，“标王”当年在碟机大战中惨败，老板铤而走险，偏离了原本的轨道。

随着商品经济的发展，市场会进入另一个阶段——买方市场。这个阶段社会产品非常丰富，新品种、新品类、新品牌层出不穷。同时，互联网的普及缩短了产品到达消费者的路径，新渠道的环节越来越少，消费场景越来越多。有旧渠道没有新渠道的产品，有质量没有服务的产品，有产量没有质量的产品，有质量有服务没有品牌的产品很快陷入被动。

随着新渠道的铺设，为了降低费用、减少成本、留住利润，各大企业摆脱超级终端的自建销售渠道也纷纷亮相。快消品行业在中国内地市场积极运作自己的全国性大型零售终端，如家电行业设置了“股份制区域性销售公司模式”和电器连锁卖场……

在多渠道的选择中，此时的销售渠道就需要做到两个方面的精准，即人群销售精准和场景精准。与销售精准相对应的，是传播的精准，具体我们将在后面的内容中阐述。

从图7-1可以看出销售端口(即消费者可以购买到商品的端口)是如何匹配人群和场景的。线上端口包括自营网站、自营App，微信/微博内容中输出的二维码，以及第三方电商平台的网站和App；线下端口则由门店、商超、车站、码头、机场等交通枢纽站点，以及电视电话、电邮、会议沙龙等形式组成，在这些深入人群及其活动场景的端口交叉重叠地铺上商品，可以有效提高销售量。此外，大型企业还具备销售商品的能力，如在企业办公地点铺设临时站台、企业内网和网站上接入产品广告和购买入口，也可以通过合作，在该企业的线下网点摆放商品。

通过销售端口的铺设，渠道不同，针对的销售人群也不尽相同，B2C、B2B2C、B2B+B2C，形成了全渠道的营销路径，如图7-2所示。

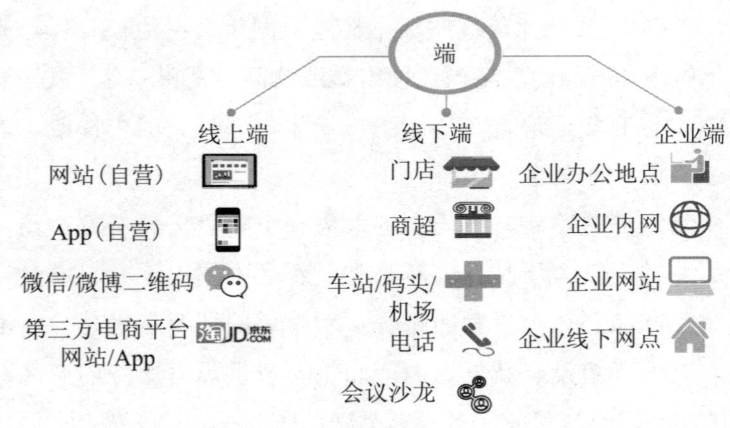

图7-1 销售端口

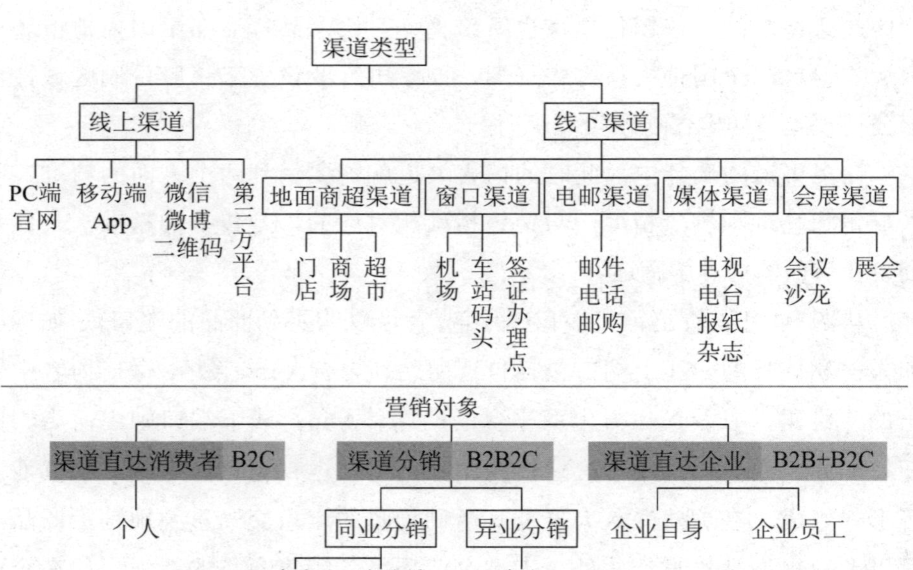

图7-2 以OTA(在线旅行社)营销渠道为例的全渠道营销

1 人群销售精准

人群销售精准，就是在销售渠道的选择上，有意识地向产品的需求人群靠拢，而不是所有渠道都铺货，所有人群都覆盖。产品针对的是什么人群，这些人群习惯通过什么渠道购买产品，就将该产品放在对应的渠道上销售，才能把产品由对应的渠道流通到消费者手中。

首先，应掌握好销售人群的匹配度划分。

人口统计变量：不同年龄段的人群，不同性别的人群，不同收入的人群，不同职业的人群。

心理图式变量：不同的教育背景，不同的文化价值观、生活方式和个性。

受众分类：家庭消费者，工商组织成员，商业渠道成员，专业人士。

其次，还需要掌握目标群体的消费心理，动态分析其消费行为，加强销售人员和消费者的互动。语言是沟通的关键，对于渠道商来说，销售人员的整个销售过程都必须加以设计并严格训练，提炼最优秀的内容，剔除不需要的或者有障碍的内容，使其成为最高效的精要，然后进行模型复制。

人群销售精准也有利于深度分销，当企业规模小资源有限时，可以选择一个较小的市场，针对特定的消费者，投入全部的精力和资源，做到在这个区域市场内的销售力和影响力第一。

2 场景精准

场景精准，是指根据用户的消费场景，适时触发对应的销售渠道，以满足用户需求，提高销售的精准性。

以麦当劳点餐方式为例，如表7-1所示。

表7-1 麦当劳用户点餐场景

用户	消费场景	消费需求	如何获得产品
用户A 肚子饿	到麦当劳 看完菜单想点餐	把自己想吃的告诉点餐员	点餐台点餐
用户B 肚子很饿	在麦当劳点餐 发现点餐台排长龙 肚子又很饿	肚子很饿，想快速点餐并拿到餐	通过自助点餐机器点餐
用户C 肚子很饿 赶时间	赶时间 又想吃麦当劳	到餐厅即可取餐	通过手机App、微信小程序点餐

用户的需求从如何点餐、如何快速点餐到如何快速取餐，对应的服务也从人工点餐、自助点餐到手机App点餐。由此可见，不同的销售渠道，是从用户使用场景的需求中诞生的。

通过用户注册连接销售渠道，也是场景精准的获取方式之一。以电商优惠券拉新为例，如图7-3所示。

图7-3 途牛优惠券拉新场景

在用户拉新这个应用场景下，通过发放优惠券的方式吸引用户注册，打开销售渠道，再通过后续活动，慢慢培养用户习惯，从而完成拉新、留存、促活、转付费这个用户运营闭环。

银行卡是银行推出的供客户使用的产品，现在很多营销活动都会结合银行卡，因此，当银行进入商场开展银行卡绑卡消费的活动时，银行卡就从产品变成了促销工具，而此时的商场就变成了场景精准的一个销售渠道。

当然，如果一个人不想吃麦当劳，或者对麦当劳没有兴趣，他就不会在意麦当劳有几种消费方式；某个App的北京用户如果长期不在广州定居，也不会关注这个App在广州的优惠；在A商场消费的用户，如果不去B商场，那么银行卡在A商场宣传B商场的活动，并不合适；所以，一切以场景为渠道的销售，必须建立在地点精准、人群精准、信息精准、内容精准等各种精准条件之上。

二、传播渠道

传播渠道是传播过程的基本要素之一，指传播者发送信息、受传者接收信息的途径和方法，如口头传播、文字传播、图片传播、画面传播、声音传播等。传统意义上通常指完成这些传播形式的传播媒介，如报刊、广播、电视等。

在人类发展的初级阶段，媒介和传播渠道是很难分离的，我们在获得媒介的同时，也收获了媒介的传播渠道。比如古代的烽火台，既是一种媒介，也是一种传播渠道。在文字产生前，人的身体常作为传播渠道，通过舞蹈和声音将信息传播出去。

随着文字的产生，传播渠道可以独立于人而存在。它延伸了我们躯体的接触范围，把表达变成了一个舞台，将表演者和观众的功能分开了。在人类传播的原始时期，也就是渠道发展的第一阶段，无论是手势语还是实物传播，也不论是烟火传播或者击鼓传信，它们的目标都是想让更多的人知道。但是，随着人类族群的扩大，这些传播渠道显然不够用了。好比今天的体育比赛，能够到现场去看比赛的人毕竟是少数，即便是在现场，后排的观众也很难看清楚运动员的身影。于是，电视体育直播应运而生，它让更多人看到，并且比在现场看得还清楚。这就是传播渠道的变化。[①]

传统媒体时代，从理论上来说，平台越少，统治力越强，即所谓“得渠道者得天下”。

网络出现以后，我们迎来了信息整合时代，海量信息使得信息渠道的

---

① 彭小东. 传媒渠道力[EB/OL]. 百度文库，[2015-08-15]. https://wenku.baidu.com/view/15f544b0af45b307e971972b.html.

整合更加重要。因而有人说，抢占渠道才能抢占受众的注意力。

传播的渠道一般来自媒体，又称媒介渠道，即媒体在从内容制作方向受众转移的过程中，所建立的载体和传递路径。媒介渠道中包含着一系列相互关联、相互合作的组织、机构和个人，它们是媒介渠道的重要组成部分。

媒介渠道通常包括四个组成部分：内容制作商、内容集成商、渠道供应商和接收内容的受众。

内容制作商是渠道的源头和起点，受众可能成为消费者，内容在媒介渠道运行中的重点就是让受众能够接受；内容制作和内容集成就是广告策划内容的设计和包装。

在当前传媒市场上，传播渠道习惯性分为线上和线下两类。

(1) 线下渠道：广播、电视、报纸、杂志、户外广告、楼宇视频、地铁广告、影院视频、电梯框架、车身广告等。

(2) 线上渠道：工具属性渠道、社区属性渠道、内容属性渠道、电商属性渠道、搜索属性渠道等。

从付费角度，又可分为媒体渠道付费和媒介渠道付费。

(1) 媒体渠道：报纸、杂志、广播、电视、自媒体平台等。

(2) 媒介渠道：户外广告、楼宇视频、电梯框架、车身广告、地铁广告、影院视频、网站、博客、微信/微博、企业App、搜索引擎产品(百科、知道、经验等)、问答平台(知乎、天涯问答等)、视频平台(优酷、腾讯等)等。

三、传播渠道与销售渠道的整合

1 传播渠道与销售渠道的联系

传播渠道与销售渠道都是对产生销售起着关键作用的渠道，二者需要相辅相成配合以达到销售目的，它们直接或间接地面对消费者，影响着消费者。

改革开放以来，随着市场的发展，生产力提高了，同一时间生产出的产品数量增多，购物方式逐渐从消费者等产品变成了消费者选产品，此时，销售渠道和传播渠道显得尤为重要。产品如果能够进入国营百货商店、大卖场这些“硬终端”，稍加央视这类“硬媒体”的宣传，就能产生高额收益。

再后来，互联网的加入缩短了商品从厂家到消费者手中的路径，消费者不仅会根据自己的需求对商品作出选择，还提出了个性化要求。此时，企业要想把产品更多地售卖出去，便不能只依靠销售渠道和传播渠道的单打独斗，必须将二者有力地结合起来，在丰富传播渠道的同时打通对应的销售渠道，通过传播渠道让消费者知道、了解相应产品后，可以更方便地选择、购买。

销售渠道和传播渠道的统一理论就来源于“长尾效应”，这条尾巴上的“头”是我们花费资金投放的广告、代言人、赞助等，是“红海市场”；但是这条尾巴则是“蓝海市场”，我们可以将万物变为媒介，从而变为销售渠道。例如，通过快消品的瓶身，做小利润大市场。途牛在与可口可乐公司旗下品牌中绿粗粮王的跨界合作(如图7-4所示)中，把途牛的优惠券包装在1亿包粗粮王的利乐包上，通过定制礼盒独特IP，线上、线下双方全域宣传，获得了不错的销售业绩。

图7-4　途牛与中绿粗粮王的跨界合作

使用传播渠道是渠道运用中的一种基本手法，总之，不管运用哪一种媒介，其投放都是以产生销售为王道。

2 CMO时代向CGO时代变迁

2017年3月23日，可口可乐在官方网站宣布了一则关键的人事任命：随着可口可乐现任CMO(首席营销官)Marcos de Quinto 在2017年5月退休，这家消费品巨头将不再设立CMO职位，而是由新设的CGO(首席增长官)来领导和整合全球市场营销、用户体验、商业运营以及公司战略的大动作。

可口可乐从1993年设立CMO一职，至今已二十多年。取消CMO、设立CGO，标志着可口可乐公司正在向用户服务、商业领导战略、健康型产品创新、品牌营销传播和数字化营销转型。作为行业营销界的“鼻祖”，可口可乐此番举动，影响深远。

除了可口可乐，全球营销的大玩家们如高露洁—棕榄、亿滋国际、Coty(科蒂)、家乐氏、Hershey(好时)等公司都已设立CGO的职位。

现代商业已经呈现出从CMO时代向CGO时代的快速变迁。只要CMO们还是把自己定位成广告营销的专家，而不是公司增长的推动者，将来就会有更多的CMO职位消失。原因主要在于CMO品销分离的营销缺陷。

2017年6月，笔者参加了由中国CMO俱乐部与北大光华管理学院共同举办的2017中国数字营销论坛，论坛以“营销的变革——数据·战略·角色”为主题。其间，我在主题演讲《营销新玩法》中，提出了CGO时代从品销分离到品销合一的营销观点。

CMO营销缺陷：品销分离

是做品牌还是做销售？这其实是一个会危害品牌的伪命题。就像现代营销学之父菲利普·科特勒所说——营销的最终目的是销售，不产生销售的营销行为不是真正的营销。CMO主导的“品牌为王”时代，企业在进行传统营销时，经常会出现的几个误区可能会造成品牌与销售分离的缺陷，从而无法为企业带来增长。

在品销分离状态下，容易引发以下营销危机。

第一，在品牌为王思想指导下，营销容易陷入自娱自乐的自嗨，只顾吹嘘产品和服务优势，却忽视了用户的真正需求和销售本质，容易造成品牌与销售的脱节。

第二，包装过度，内容无力，导致花了钱的渠道和品牌曝光形成不了向销售的延续。

第三，(品牌)打哪(销售)指哪。真正能够实现增长的营销应该是(销售)指哪(品牌)打哪。企业品牌传播时如果只顾追求活动的用户参与度和曝光率，产品本身无法满足消费升级需求，就不能有效转换用户消费思维促进购买。

第四，容易造成做品牌就是做广告的误解。营销耗费了巨资，提升了品牌知名度，但在整个营销过程中，没有人对企业的销售负责，这是一种粗放式的野蛮营销，品牌与销售是割裂的，无法形成有效联动。没有带来销售的营销都是失败的，实现销售才是企业生产发展的命脉。

可口可乐的组织架构调整，回归到了营销的本质问题，营销战略即增长战略。从CMO到CGO，改变的不仅仅是职位名称，而是顺应新零售时代的营销思路——以用户为中心、以增长为导向，更好地实现企业价值。

CGO时代“品销合一”“三点合一”是基础玩法。

CMO时代向CGO时代的变迁，实际是从品销分离到品销合一的变迁。在这一过程中，营销要实现三个统一：用户需求和产品使用功效的统一；传播内容和产品卖点的统一；传播渠道和销售渠道的统一。“三个统一”是在CMO时代知名度、认知度、可信度的基础上增加了向往度、参与度、体验度等品牌关注维度，同时通过这些维度的共同努力，提升了客户对企业和产品的满意度、忠诚度以及美誉度。公司在寻求新增长时，需要在四个方向同时努力：一是锁定既有产品和市场，通过突出成本与价格优势促进业绩增长；二是锁定既有产品没有服务到的顾客群体产生新的市场，从而带来业绩增长；三是突出新产品功能特色，利用老客户黏性带来重复消费促进业绩增长；四是通过新产品开辟新的市场带来业绩增长。

在CGO时代，营销包含了品牌、公关、技术、数据等诸多环节，如何做好这道“加法”，是摆在所有营销人面前的难题。企业需要利用大数据获得用户画像，同时通过品牌、公关、策划等手段与用户建立有效链接，最终满足用户的消费升级需求并达到销售的目的，促进企业增长。

品销合一营销战略的背后，是企业以客户为中心、以人为本价值观的呈现。这种价值观代表的新型业态特点是——通过高体验度产品来留住客户、形成复购，企业以此获得更高收益，从而区别于以购物为中心价值观代表的价格要低、服务不差的传统业态。

途牛在此方面有很多优秀案例：

途牛与南京银行“Hi Bank”App结合开展的“你好三亚”活动；途牛和中绿粗粮王定制途牛粗粮王联合包装形成独特IP，并利用外包装媒介和消费者进行互动、让消费者参与抽奖的活动；途牛与中国福利彩票联合开展“梦想人人行——最有影响力的公益项目”有奖评选，结合项目定制途牛公益出行线路的活动。这些合作活动，不仅促进了合作方的拉新以及途牛自身的品牌宣传，同时结合立减促销、优惠礼包发放有效提升了转化率，使途牛取得了不错的销售成绩。

四、重叠：让精准最大化

从CMO时代向CGO时代的变迁可以看出，真正改变的不是头衔，而是符合当下市场规律的思维方式和营销方式。如果CMO也能具备CGO的营销思维，那么同样可以通过渠道的选择，以及“三点合一”的方式提高销售转化。产生销售的致胜办法，就是将传播渠道与销售渠道所覆盖的人群重合起来，这将是最精准、最省钱的办法。

纸媒时代的报纸广告是将媒介与销售统一的初步尝试，企业家们在报纸上投放有产品、联系人、联系方式的广告，并且尝到了甜头，随后这类广告被大面积地投放，这些广告费用也成为报纸发展的重要资金支持；之后电视时代，电视购物逐渐兴起，将电视和购物结合起来，直接产生销售。

以上这些都是在互联网出现之前的很长一段时间里发生的。此时，传统媒体大行其道，传播和销售皆以传统渠道为主，且数量少，较为固定，观众、听众、读者与卖场的消费者为同一人群，所以销售渠道与传播渠道存在短时间段“重叠”的情况，如图7-5所示。

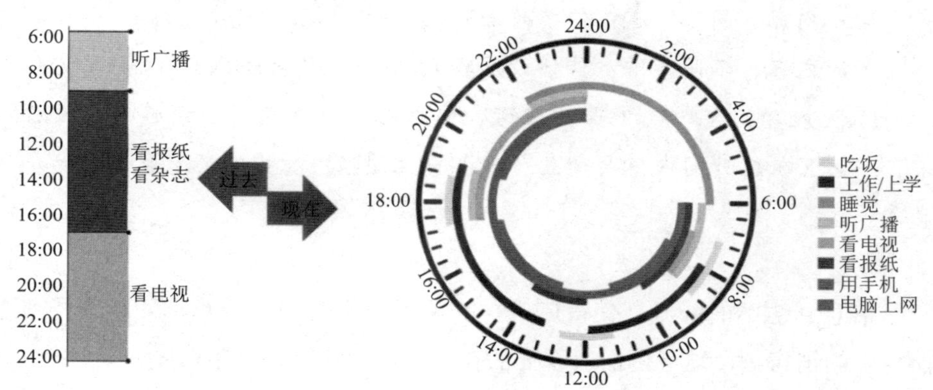

图7-5　销售渠道与传播渠道的短时间段“重叠”情况

最典型的案例就是中国内地第一条外商影视广告：瑞士雷达表。

1979年3月15日下午6点，“瑞士雷达表”这条外企商业广告通过上海广告公司的代理在上海电视台播出。同一天，《文汇报》也发出了雷达表的广告。在3天内，到上海黄浦区商场询问雷达表的竟超过了700人。在当时，这是一个非常惊人的数字。

随着市场经济的发展，尤其是互联网的出现，已经把整个中国的老百姓个人生活、商业形态闹了个翻天覆地，几乎彻底改变了我们每一个人的生活、消费、沟通、出行的方式。信息传播越来越分散化，单从传统媒体的电视来说，频道越来越多，节目也开始分层，新闻、少儿、综艺、电影、电视剧等将人群从性别到年龄都作了不同程度的划分，传播渠道分散带来的是同一个台某一时段的广告到达率越来越低，传播效果大打折扣。与此同时，销售渠道也变得越来越丰富，消费人群被分散到各大卖场，同一卖场的消费频次降低，带来的就是销售额的减少。因此，从传播效果来看，同一内容不同渠道、同一内容同一渠道、不同内容不同渠道之间的效果也是完全不同的。

传统媒体传播公式：

同一内容，不同渠道：传播效果Y=X×(A+B+C+…)×M

同一内容，同一渠道：传播效果Y=(X1+X2+X3+…)×A×M

不同内容，不同渠道：传播效果Y=(X1×A+X2×B+X3×C+…)×M

(X为内容，A、B、C等为渠道，M为内容投放在同一渠道内的投放效果，内容X在短时间内不会变化，传播效果Y取决于内容X是否受到受众的喜爱。)

信息到达率的降低，使得广告主需要投入更多的广告费，才能获得与之前持平的销售额，这又侧面对企业的投入产出和净利润产生影响。

真正的传播渠道和销售渠道完全重叠是很难做到的。在无法实现重叠的情况下，我们就要考虑如何把传播渠道做得更精准。

五、精准传播

随着市场的逐步成熟，全球传媒产业的增速开始减缓，传媒产品利润率也逐渐下降。讨论内容为王还是渠道为王的时代已经过去，未来传媒产业只有在内容和渠道同时发力，并且兼重技术手段与用户体验，才能经得住考验、立稳市场，从而获得持续发展。

大众传播时代

营销内容通过央视、卫视广告、全国性报刊等传媒全面发布，渠道以用户覆盖率为标准，以曝光量来提升品牌的知名度、认知度，用主流媒体背书。

分众传播时代

以营销内容分用户、分渠道发布，如分众、框架等，目标人群分层，有人群的基本画像，同时，通过CPM(千人成本)来衡量渠道的优劣对比。

精众传播时代

营销在用户匹配的场景发布，通过传播相应的营销信息，依托用户场景状态的关注点，及时把产品卖点展示给匹配的用户，比如影院广告、卖场广告等，以投资回报ROI(Return On Investment，投资回报率)来衡量效果。

精准传播时代

点对点、点对小面能控制掌握的范围内，来传递发布相应的营销信息，依托点对点的渠道衡量获客成本，比如会议邀约营销、线上精准需求推送营销。

1 人群重叠

(1) 传播渠道精准：产品对准适用人群

目标群体是产品在传播之初就应该明确的定位：产品面向何类人？我们的用户年龄是多大？我们的用户有何种习惯？他们的学历、消费水平、素质水平如何？目标群体的定位对于产品的成功与否十分重要，甚至是产品的命脉。一个明确的目标群体和对应的产品可以让一款平庸的产品取得成功，而一个模糊的目标群体定位则可能让一款非常有亮点的产品失败。

(2) 推送内容精准：内容对准适用人群

“你是什么样的人，你看到的就是什么样的世界。”这句话传递的是这样一个理念：人所看到和关注的内容，其实和这个人自身密切相关。人所处的时代不同、年龄不同、经历不同，生活阅历、教育背景不同，甚至看过的一本书、一场电影，听过的一段话或街角的一个朋友，都会让人对事物产生不同的看法。如今，传播渠道的“内容”元素是个不断发展变化的内涵，从纸媒的文字、图片，到广播的声音，再到电视的视频画面，在新媒体时代，内容具有了更广泛的含义，不仅更加多元而且其渠道性明显增加。如果说“内容”就是媒体的产品，那么单纯追求有价值的新闻报道、新闻评论，已经是片面之举。一方面，要在生产环节控制质量，使得优质产品在市场上通吃；另一方面，则要面向不同人群，有针对性地输送内容养料。

2 客户需求匹配精准

随着科技的发展，用户行为可以被追踪到，生活轨迹也可以被复原。每个ID被贴上各种各样的标签。这种标签很大程度上呈现了一个ID的生活形态、性格喜好以及各种消费习惯。我们通过合适的载体，向目标客户群传播感兴趣的话题，才能吸引精准人群关注，增进品牌与他们的黏结，完成品牌布局、销售转化。

(1) 时间精准：时间对准需求人群

传播渠道对时间精准的意义是在大数据精准营销的基础之上，加入传播对象单位时间行为分析变量。在单位时间内对传播对象的即时需求特征进行科学排序，依据优先层级，选择最佳的营销信号投放时机。以时间为线索的精准传播使营销信号的投放更具有针对性和时效性，增加了信号供给与受众需求之间的契合度，因而显著提升了传播效果。

微信公众号的内容推送时间，就是比较典型的案例：

从中国微信500强整体发文与10w+文章分布对比(如图7-6所示)，可以看到：

晚上九点到十点，是10w+文章推送最密集的时间段，10w+文章的分布比例也是最高的，超过了推送比例，效果最佳。

晚上七点到八点，晚上十点到十一点，这2个时间段的数据较为类似。

晚上八点到九点，是10w+文章推送第2密集时间段。

早上七点到八点，早上五点到六点，虽然推送文章的比例不高，但是10w+文章分布比例都是远超于推送比例，阅读效果比较好。

晚上六点到七点，虽然是全天推文第3高峰期，但是10w+文章分布比例相对较低，阅读效果不佳。

中午十二点到下午一点，是全天推文第4高峰，阅读效果也不佳。

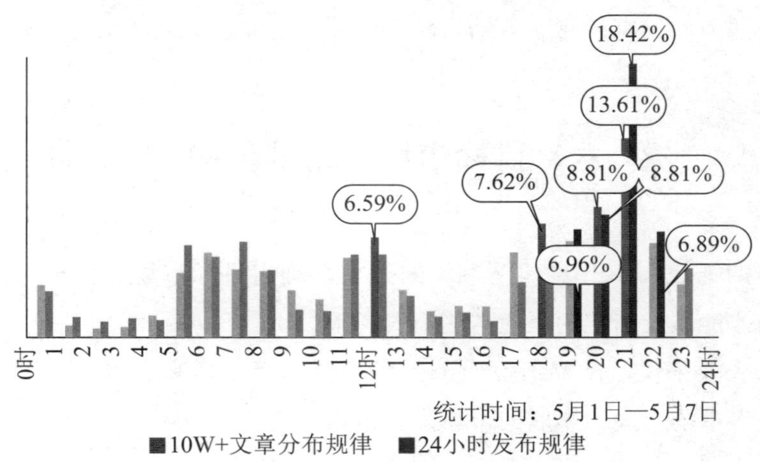

图7-6 中国微信500强整体发文与10w+文章分布对比

(2) 数据精准：数据选择需求人群

很多媒体会通过相关部门分析自己的受众，试图将人群进行最真实的还原，并进行划分。这样一来，精准的数据可以代表部分精准人群；更重要的是，可以将二者进行最佳匹配。

迪士尼案例：

2015年，迪士尼互动媒体和迪士尼消费产品两个部门完成了合并，组建了迪士尼消费产品和互动媒体部门，同时成立交互数字媒体部，负责在其平台上发布迪士尼数字视频。目前，迪士尼在全球建有300个社交媒体渠道，联络上千名KOL，每月平均发布6000条内容信息，这些账号累计超过11.5亿粉丝，每个月平均会有约3.25亿观众观看迪士尼的社交媒体信息。迪士尼高管们不仅信任互动媒体团队，还常常向他们寻求关于如何触达粉丝的创意和策略。

我们都在说渠道为王，渠道很重要，到底重要在哪里？其实，渠道为王的意义在于，传播渠道能够对应销售渠道所覆盖的人群，从而进行精准化营销，因为，只有最终获得销售转化的渠道，才是真正的渠道王者。

六、目标市场与精准传播

渠道的铺设离不开对当下市场的把控，确定目标市场、分析目标客户后，产品才能通过精准的渠道送达消费者手中。

对于企业来说，产品所面对的市场可分为新市场和老市场。已经拓展的市场为老市场，尚未拓展的市场为新市场。

在老市场里，有使用过产品的老客户，也有未拓展的新客户。在新市场里，同样也会有老客户和新客户之分。针对不同的市场，企业会推出有针对性的产品，这些产品可能是已经成熟的老产品，也可能是刚开发的新产品。

从新客户到老客户，从新产品到老产品再到新产品，我们应当为所有客户提供良性循环的全生命周期服务。

以“OTA新老市场客户分析及产品、服务匹配”(如图7-7所示)方式为例，将产品、客户和品牌联动在一起，以客户第一为宗旨，以市场需求为导向来开展营销，真正体现以人为本的思路。

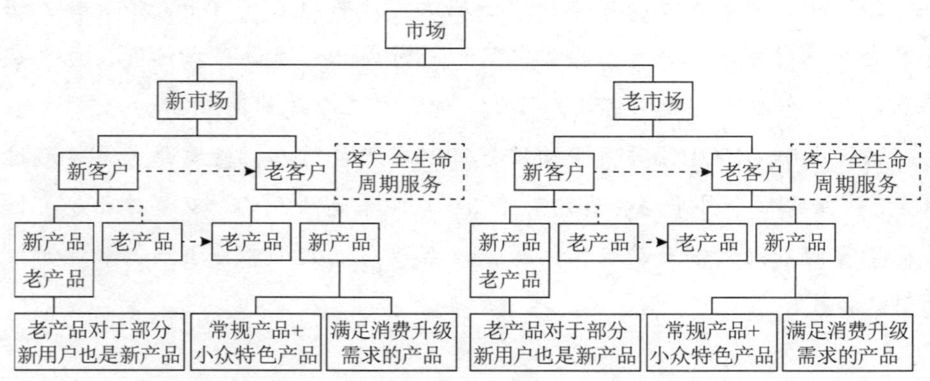

图7-7 OTA新老市场客户分析及产品、服务匹配

1 老市场、老客户

(1) 老市场、老客户、老产品

面对老市场、老客户的老产品，在不断优化中趋于成熟，且满意度高、复购率高，在成本、价格上都有优势。

(2) 老市场、老客户、新产品

面对老客户的新产品，一般来说，是以老客户的客户画像为基础，针对老客户传达出的需求进行开发，比如常规+小众特色产品，和满足消费升级需求的产品等。这类产品单价相对较高，对此，在传播推广中应突出公司的品牌与服务，提升老客的信任感和忠诚度。

2 老市场、新客户

对于大多数新客户来说，无论老产品还是新产品，都是新产品。

(1) 老市场、新客户、新产品　突出产品的功能特色

在向新客户推荐新产品时，需要注意在产品功能特色上进行推荐，比如新产品和老产品的区别是什么，有什么特色，从而引导客户选择我们的产品。

(2) 老市场、新客户、老产品　突出品牌优势

在向新客户推荐老产品的时候，如何让客户选择我们而非别家？在产品的成本和价格都有优势的情况下，可以突出品牌优势，在客户心中留下较强的品牌印象。

新客户经过购买使用，会选择满意的产品进行复购，这样一来，新客户变成了老客户，新产品也变成了老产品，企业又能够根据新一批客户进行画像分析，开发出满足需求的新产品。

案例：

在做公司微信公众号时，应该如何保持用户黏度？

一个微信公众号，它给用户提供的最主要的价值得先明确。比如订阅号，它给用户提供的最主要价值就是内容。

华夏时报总编辑水皮有自己的微博、微信以及直播节目，他的粉丝都精准定位于金融圈人士。清晰的定位，更容易让用户产生认知，能比较清晰地讲出你是怎样的一个公众号。

3 新市场、老客户

(1) 新市场、老客户、老产品 突出品牌优势

互联网时代拓展新市场时，会发现使用过自己产品的老客户，他们对产品和品牌已经有了一定的印象，而且可能会推荐新客户。此时，这些老客户就变成了早期的“种子客户”，营销上可以突出品牌优势，引导客户选择自己的产品，而不是竞争对手的产品。

(2) 新市场、老客户、新产品 大力造势，强化品牌

在新市场向老客户推荐新产品时，这些客户已经对品牌有了印象，但是对新产品不了解，还不能确定买或者不买。此时，可通过大力造势，强化自己的品牌形象，占据老客户心智阶梯，提高销售转化率。

4 新市场、新客户

(1) 新市场、新客户、老产品 突出品牌优势

有竞争对手的存在，同样的产品要在新市场给新客户进行推荐都不是一件容易的事。此刻需要挖掘品牌自身的价值，面对客户的需求痛点不仅要突出产品的优势，更要突出品牌优势，以抢占新客户的心智阶梯，让新客户消费使用自己的产品。

(2) 新市场、新客户、新产品 大力造势，树品牌

在新市场向新客户推荐新产品时，最常见的就是全渠道曝光，反复打同一个广告。潜在客户从看到广告，到了解广告，到不耐烦广告，到向身边人咨询广告，到最后自己想要购买产品，需要一个较长的过程。在这一过程中，企业需要大力造势，树立品牌形象。

对于初创型企业来说，在渠道拓展费用有限的情况下，应先在区域内开拓新市场，把新市场做成老市场后，再往全国的新市场进军。如此一来，对市场情况的精准把控不仅可以降低成本，还能做到精准营销。对于以互联网为主要传播、销售渠道的企业来说，虽然其售卖方向是全国，但当分公司落地到某个城市时，同样需要关注新市场的渠道开拓。

“电视购物”：

“电视购物”以电视台专门的购物频道为平台，全程参与商品开发、节目制作、行销客服、物流配送等环节，拥有完善的监管和运营体系。“电视购物”将商品的知识性和节目的娱乐性融为一体，播放频道和时间固定，收视率也比较稳定，产品多是家庭用品，有较为稳定的会员群体。同时，“电视购物”频道直接从厂家拿货，成本较低，也有一定的优势。

购物频道就从一个传播媒介变成了“电视购物”的市场。产品固定投放的购物频道就是老市场，选择新的购物频道投放就是新市场；人群就是观众，固定的观众就是老客户，以前不看购物频道，后来开始看购物频道的观众就是新客户。在这个市场和客户中，企业可以根据我们上面提到的8个方向，来规划自己的品牌传播和产品销售。

途牛相关案例

(1) 瓜果亲子游

亲子游市场潜力十足，未来几年亲子游市场将呈现稳步增长趋势。国内亲子游市场虽然火爆，但仍存在两大痛点：一是产品较为匮乏；二是同质化严重，亲子元素缺失。2015年12月18日，途牛“瓜果亲子游”诞生，针对亲子人群，打造专属产品，成为第一个建立亲子游的品牌。依托途牛的资源优势，“瓜果亲子游”每周都有新的亲子游产品上线，产品更新和迭代遥遥领先于业内其他企业。

“瓜果亲子游”的产品设计，融入教育、科技、动手、分享能力等多种元素，以期实现寓教于乐的目标。“瓜果亲子游”首批推出以“童趣之旅”“军营生活”“机器人比赛”等为主题的系列产品。此外，“瓜果亲子游”创新年龄层细分，按照2～5岁、6～11岁、12～15岁三个年龄层对儿童家庭进行划分。

(2) 乐开花老年游

用户选择爸妈游产品时重点关注高性价比以及舒适、安全，同时老年游客多跟团游，因此，符合“乐开花爸妈游”标准的产品，必须吃、住、行、游等方面都要求高性价比：吃，餐食基本全包，以中餐为主，避免老年人吃不惯；住，选择干净舒适的酒店；行，线路设计及行程安排以缓为主，满足老年游客“快旅慢游”的特点；目的地应相对安全、气候相对温和、适合老年人出行，所有经典、精华景点基本覆盖，不让老年人留遗憾。

针对70岁以上老年人出游投保难的尴尬，“乐开花爸妈游”联合途牛保险频道及合作保险公司，将旅游意外险的承保年龄进行了扩展，从而满足更多老年游客的保险需求。

在具体产品方面，途牛还针对用户选择难的问题，筛选适合老年人出游并且达到品牌标准的产品，以方便和简化子女或者老年人选择合适的出游产品。

综上可以看出，市场定位与人群定位对产品的销售会产生比较直接的影响。根据市场格局和分层变化，在新市场、老市场区域里合理地划分新客户与老客户的传播渠道和销售渠道，才能将产品销售和品牌服务做得更好。

第八章

广告投放中如何遵循传媒的传播原则

作为一种客观存在，传媒具备自身的生存与发展规律。而作为一种人为的社会存在，传媒又必然受到各种社会规范的约束。即既有内在的属性与规律，也必须遵循外在环境的规则，传媒才能现实地生存与发展。作为人的社会关系工具，传媒活在市场上，其目标、方向、方式、过程的选择与整合，体现着广告主的生存策略，也表达着其市场价值。

广告传媒的运营原则与市场效用是最典型、最显著和可量化的。广告传媒的存在与整合效用，通过产品、品牌实现了显著的数字量化的商业价值，通过广告主的实际效益实现了自身的存在价值。当然，要成功实现这个目标，在广告的投放过程中，就必须遵循传媒的传播规律与原则。

一、媒体投放应遵循的原则

广告主只有考虑到媒体的传播原则，才能让制作出的广告投放计划具有尽可能高的性价比和可执行性，并达成广告投放的最终目标——销售。那么媒体传播都有哪些原则呢？

1 把握入口的原则

流量的入口有很多，如线上搜索流量的入口、门户网站流量的入口、导航流量的入口、行业垂直搜索流量的入口、各类App流量的入口、两微一端的流量入口、视频流量的入口、短视频流量的入口、地铁流量的入口、公交流量的入口、站台流量的入口、电梯流量的入口、高铁流量的入口、机场流量的入口等。

现如今，媒体形式纷繁复杂，消费者接触媒体的时间越来越碎片化。已经没有一个媒体形式可以像20世纪90年代初的电视媒体一样一家独大，几乎占据消费者与广告主接触的全部入口。随着媒体形式越来越细分，新的形式逐年涌现，广告主只有把握流量的入口才能让媒体投放的效果最大化。而流量的入口往往都集中在头部的强势媒体资源里。头部媒体曝光量大，覆盖广，流量大，但同时费用也较高。这就要求广告主在把握入口的同时要更加精耕细作，研究每一种媒体形式及其特点，在投放时充分考虑每一个媒体的传播原则。

2 线上、线下组合的原则

线上媒体(网络)单价较低，易于与消费者互动，监测方便且容易追踪投放效果，传播力强，人群精准，但缺点是表现力单一，视觉效果较差，公信力一般；线下媒体(户外)单价高，互动性弱，部分媒体监测比较困难且不容易跟踪到投放效果，但其优势在于展示面积较大，电视、影院的大屏可以展现比手机小屏幕丰富很多的视听效果，户外媒体则可以投放类型多样的异型广告，实现广告主的创意。因此，一般广告投放会同时考虑线上线下的媒体组合，用线下媒体推广需要表现力丰富的品牌或大型促销广告，用线上媒体推广事件营销/产品系列等对于传播性要求较高的内容。

目前已有很多品牌主、媒体方及相关的广告公司，在寻求线下投放广告时，运用技术手段来收集用户的MAC(介质访问控制)信息，同时结合线上该用户的习惯关联及体验感，形成线上、线下的联动投放，以达到精准投放。

3 平面、听觉、视觉组合的原则

平面类的广告素材(户外、报纸等)由于画面面积大，或距离消费者视觉观看距离较近的原因，可以展现较多的内容信息，可以把产品的亮点和功能说完整，表达透彻；听觉类素材受环境干扰较小，消费者可以在开车、走路的时候接收来自听觉的广告信息；而视频素材则结合了平面素材和听觉素材的特点，可以同时展现丰富的画面信息和声音信息，即使一种信息受阻，另一种还可以得到展现，比如开着电视即使不坐在电视前面还是可以听到传出的声音。

还有一种动态的平面媒体，如电梯门海报，虽然广告是静止的，但是电梯门在开关的过程中会产生运动的效果，能够吸引一定人群的关注。同时，电梯空间封闭，乘客在乘坐电梯时因为需要时间等待电梯，会下意识地主动面朝电梯门站立，视线也主要集中于电梯门上。因此，在楼宇的平面广告中，电梯门海报作为第一视觉媒体，它的主动接触率高(“主动”相对于“被动”，主要指主动接触该媒体受众的比例，比如App使用率、百度搜索习惯等)，惰性率低(所谓惰性，指的是内容的复制、抄袭和模仿，针对同一个事件，不同的微信公众号发布的内容许多都是一样的。根据经验，惰性率的量化公式应该是1-活跃度，或者也可以用无反馈受众的比例来表示)，这种动静自然结合的媒体形式大大提升了人们的观看概率，从而进一步提升对广告内容的关注度和影响力。电梯门海报，涉及上下班、出差、会谈出行、聚会旅行、购物、去学校、回家等，都是每天我们生活轨迹中的核心生活圈场景。根据相对客户的属性，通过更精准、更碎片化的电梯门海报，来触达广告主的目标人群，从而达到更强化的传播目标，可以更有效地提升品牌知名度和产品购买力。

在投放广告的时候，需要根据不同的产品特性，以及需要展现的信息，选择合适的素材呈现方式和对应的媒体载体。同时，应合理组合搭配，视频、音频广告因时间较短，适合以品牌投放为主，如果同期有比较多的促销信息，可以同时搭配平面媒体进行描述，或者在音频广告上进行稍长版本的投放(30秒以上)。平面、听觉、视觉相互组合，是完美表现广告传播形式的最佳法则。

4 即时性媒体与长效媒体组合的原则

即时性媒体是指用户单次接触时间较短的媒体，例如App开屏广告，电视、电台硬广等，广告主投放这些广告需要在很短时间内明确表达出需要陈述的内容；而大部分的户外广告、媒体软性广告等可以给消费者较长接触广告的时间，可以较多地陈述广告主想要表达的内容，这类长效媒体的信息量远大于即时性媒体。针对不同的传播内容，广告主可以考虑搭配选择这两类媒体，做到长效媒体中融合即时性广告，即时性媒体中有长效广告的配合，以达到曝光和把内容讲完整的统一。

5 大众媒体与精准媒体组合的原则

大众媒体是指类似于电视、公交车身、公交候车亭、地铁媒体等受众较多、面向大众，但无法精准锁定某一类人群的媒体形式；精准媒体是指可以锁定具有共同特征人群的媒体，例如电梯框架(可锁定写字楼白领/高端小区住户等)，以及诸多形式的线上媒体。大众媒体的优势是声量大，传播面广；精准媒体则可以有针对性地对某一类人群推广产品/品牌。广告主在品牌发展的不同阶段需要考虑到两种类型媒体的不同组合形式。大众媒体和精准媒体的结合可以把品效合一和品销合一有效结合起来，促进品牌的有效增长。

6 广告与产品组合的原则

产品是一个企业的核心，但仅仅有好的产品并不能使企业长盛不衰，一个合格的企业不仅要让消费者知道产品，还要让消费者能够买到产品，此时，广告的作用即凸显出来。要实现企业品牌的价值传播与产品推广一举两得，不仅要将媒介与产品结合起来，还要将大众媒体(如电视、广播等)与数字媒体(如社交媒体)融合在一起进行整合传播。

在广告宣传中，广告主首先需要突出商品的新价值，包括功效品质、市场地位、价格优势等，强调与同类商品的不同之处和能够带来的更大利益。红牛被定位为功能性饮料，就是这种定位的具体运用。其次，广告主还要突出商品的新意义，以此来改变消费者的习惯心理，树立新的商品观念。

广告通过选择和搭配线上或线下、即时或长效、精准或促销的广告渠道，成功地让目标消费者了解到广告主想要表达的内容。为了导向销售，同样要考虑在不同的广告渠道投放匹配的产品。例如在写字楼/公寓电梯框架非常适合推广外卖广告，而电台这样没有画面的媒体则十分不适合推广奢侈品/服饰箱包的形象广告。只有让媒体的效能与产品匹配，才能发挥其最大的效果。

7 广告与市场用户匹配的原则

广告主在选择媒体的时候还需要考虑市场用户的特性，比如用户的生活习惯、媒体接触习惯、地域信息等。例如，目标用户是老年人群的产品，在选择媒体的时候就需要偏向电视、电台等传统的、老年人易于接触到的媒体；目标用户是上班族的产品，可以根据上班族每天的通勤习惯来选择他们路上会接触到的媒体形式，如地铁、公交、私家车、楼宇等。用户所处的地理位置同样也是必须考虑的因素，如果是要做下沉，目标为四五线市场用户的广告主，就需要考虑央视这种覆盖广、深度下沉的媒体形式。

对于企业来说，产品所面对的市场还有新市场、老市场，新客户、老客户之分。针对不同的市场，企业应推出有针对性的产品及广告策略。(关于新市场、老市场、新客户、老客户的相关内容，在第七章有具体阐述。)

8 渠道对应的原则

渠道对应解决了让消费者知道产品、了解产品、产生购买欲的问题，与之匹配的如何让消费者买到产品同样重要。这要求广告主在制作广告计划的同时应考虑到自己的铺货/销售能力。广告需要在哪些区域投放？这些区域铺货是否良好？销售渠道库存和物流是否能跟上广告所吸引来的消费者的购买需求？如果在投放广告时不考虑这个原则甚至可能产生反效果。

渠道对应主要包括传播渠道与用户群相对应、传播渠道和销售渠道相对应两个方面。传播渠道与用户群相对应，即指产品信息传播的人群需要与使用这个产品的人群相对应。(传播渠道和销售渠道的对应在第七章有具体阐述。)

9 内容、产品、转化合一的原则

随着媒体价格的逐年上涨，也随着广告主传播的需要从单纯的品牌进步到品效合一，越来越多的广告主开始考核投放广告到实际销售的转化效果。尤其电商类企业，其所有的传播目标都可以分解为下载/注册/下单。这要求广告主除了要选择有吸引力的产品/促销，配合以恰当的媒体渠道，还要辅以可实现目标的手段。如在画面设计上加上向App导流的二维码，拿出奖品作为注册/下单的奖励。这样能够将产品和内容结合起来，最终实现销售转化。内容、产品、转化合一，即本书第五章里所提出的三点合一原则，通过挖掘产品卖点，创造内容记忆点，来保证销售的转化点。

10 策划中如何运用媒介广告组合匹配的原则

策划中需要综合运用上述原则，根据投放需求选择媒体类型，根据预算/目标受众确定具体媒体形式，综合考虑产品、媒体形式和受众来设计素材，并考虑到可以推动/监测后续转化的方法，才能形成一套完整的广告投放策略。专业人士根据专业的营销法则做专业的媒介组合方案，可以有效提升投放效果。

11 投放周期与频次遵循的原则

除了应选择合适的广告渠道以及匹配的产品，广告投放的频次和周期也很重要，这关系到消费者对于广告主的记忆程度。后续如果不按照合理的频次和周期投放广告会浪费预算，长时间不投放广告则会前功尽弃，所以广告的频次和周期需要根据记忆曲线和销售节奏有计划地科学合理地安排。参考艾宾浩斯遗忘曲线(如图8-1所示)，一般全年广告投放节奏是：Launch(大曝光)—Sustain(维持声音量)—Relaunch(中曝光)—Sustain(维持声音量)。随着人们接受信息逐渐碎片化的发展，不刻意接收并记住广告的次数也是逐渐增多，从早期的1次到后来的3次、5次、7次，到目前的10次以上。所以，投放周期与频次是一个很科学的话题，后期会作专题研究，以供大家借鉴。

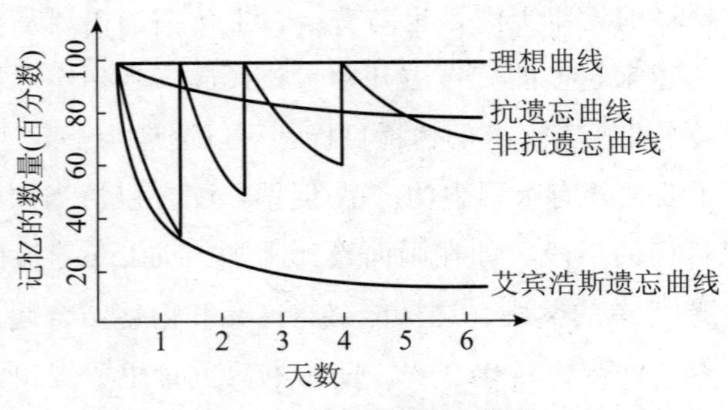

图8-1　艾宾浩斯遗忘曲线

12 产品生命周期与广告投放时效匹配的原则

产品的生命周期一般分为导入期、成长期、成熟期、饱和期和衰退期。每一个产品都有自己的生命周期，长短相差很大。例如，快餐品牌每季推出的新品，产品生命周期一般只有两周到一个月，这个时候就不能使用上刊周期长、换画面困难的户外媒体，而要使用可以短期迅速曝光的媒体；汽车、耐用消费品等生命周期会是一年甚至多年，可以投放上刊周期长的长效媒体。产品生命周期与广告投放的时效匹配好，可以在把品牌打响的同时，赢得很好的销量。

13 传媒投放预算与应用组合的原则

商业本质上追求以较少的资源投资换取较大的收入回馈，即投资报酬率。广告投资也是希望以较小的媒体预算促成销售或利润的增长。因此，在制定媒体预算之前必须先意识到媒体投资的终极目标，以及广告、销售与利润之间的复杂关系。

广告与销售成正相关，但相关性递减。广告促使消费者产生购买动机，并提高品牌选择机会，因此促进商品销售的提升，但这种对应关系并不会等量齐观，而呈现每单位的广告投入对销售产出的提升递减的情况，即投入的第1个100万元、第2个100万元、第3个100万元……对销售的产出并不等值，且形成递减的趋势。

品牌在广告投入较少，且拥有较大回收的阶段，所产生的利润较高；当广告继续投资，但销售并未成等比例上升时，销售量虽然提高，但利润则渐渐下降，要及时跟进所有投放媒体的最新情况和数据变化。

销售在达到一定极限后即不再成长(市场占有率不可能到达100%)，此时广告再继续投资，将造成利润下降直到亏本。因此，占有率最高的品牌并不必然是利润最高的品牌，维持利润的高限必须谨慎地检视各曲线的临界点，适当选择匹配的媒体。

广告对销售的影响程度会因不同的品类或品牌而有所不同，包括既有品牌相对于新品牌，高单价商品相对于低单价商品，冲动型购买相对于慎思型购买，以及使用频率与购买周期上的差异。

二、媒体传播规律及其运用

上面提到的13个原则是所有媒体形式广泛适用的通则。然而从21世纪初开始，随着传媒技术的进步，媒体逐渐分化为传统媒体和新媒体两大类。这两类媒体各有什么样的特点和规律，应该如何应用呢？

1 传统媒体传播的规律及其运营的原则

(1) 传统媒体的传播特点

传统媒体主要有电视、广播、平面(包括报纸、杂志)和户外媒体(路牌、灯箱、候车厅、地铁公交车身内外、电梯框架)这四个大类。与新兴媒体相比，传统媒体因为发展时间较长，受众更广，市场更为下沉，有一定的权威性(尤其电视、电台)，但价格普遍偏高，与受众之间的互动性较差。

电视/电台等电波媒体节目制作复杂，广告成本高，在播放次数和对广告内容的详细解释上都有一定限制；另外，电视广告的传播必须在固定的时间通过固定的载体(电视)来实现，这对广告信息的有效传达设置了障碍；而且，电视广告一闪即过，不便于受众记录相关信息。

报纸/杂志等印刷类媒体不受时间和空间的限制，传播对象可以在任何时间、任何地点，例如出租车上、地铁上，甚至卫生间里接收广告信息，覆盖面广，而且其价格相对来说要低廉得多，信息容量也大得多，并且易于保存和记录。但是其表现手法显然不如电视丰富，加上报纸杂志本身的特征和版面限制也使其广泛性大打折扣，还有，同一个版面或同一期杂志上刊登的广告互相影响，分散了读者的注意力，降低了有效到达率。[①]

户外媒体可以覆盖传播对象的通勤时段，广告展示面积大，能够展现丰富的内容；广告表现的丰富程度介于电视/电台之间；费用较高，广告画面制作也存在一定的费用，所以更换上刊内容成本较高，机动性较弱；同时，为了在消费者移动的时候，或等候交通工具的时候抓住他们的眼球，需要一定程度的广告创意支持。

(2) 传统媒体传播特点的应用

---

① LoVae. 广告策划中的媒介策略 [EB/OL]. 新浪博客，[2013-01-05]. http://blog.sina.com.cn/s/blog_59995e6101014hs0.html.

① 不把播放数据作为唯一评判标准

某凉茶饮料品牌营销总监提出困惑，有些综艺节目在网络上的播放数据虽然很好看，数据很大，但是影响力却较小。

数据的问题，一直是行业中永恒的热点。尤其近年来，随着内容投资成本越来越高，播出平台之间的竞争日趋激烈，在压力面前，数据罗生门事件也越来越多。

电视屏幕可谓一片繁荣，季播节目大片化之后，收视率超过1.5%的新节目越来越多。理论上，拥有这个数据的节目，应该是家喻户晓了。但现实情况是，观众在谈的，还是那几档为数不多的综N代。

视频网站的播放量数据，已经成为一个黑洞。同一个月份的数据，永远有不同视频网站会站出来，号称自己第一。所谓播放量过10亿的大剧，许多用户连名字都没听过。

② 不盲目追寻大IP

追热点，是公众心理和营销共同遵循的规律。很多的现象级综艺吸引着公众的注意力，随之价格很高，追捧的广告主也多，一个节目中甚至有十几个品牌合作，其实很多品牌效果并不明显。盲目跟风，选择节目不当，则会直接影响公司成本和运营上的压力。

现象级IP的引爆力和传播力，自不待言，很多广告主都对这类IP蠢蠢欲动。毫无疑问，借助的内容越热门，品牌曝光量级也就越大，能够脱颖而出的概率也就越高。

但是，对于热门大IP，本身并不愁品牌赞助，甚至可能还会产生众多品牌一拥而上的局面。在众声喧哗、竞争激烈的内容营销环境中，即便搭上了大IP的顺风车，品牌有把握取得预期效果吗？在如此密集的品牌植入中，观众对品牌的印象度到底是多少？

③ 突破同质化内容

如今，几乎所有有些利润的行业都出现了扎堆，热点传媒的内容产品太多，同质化严重，往往使得从业者不知何为抓手、从何下手、如何着手。

移动互联时代，内容营销大行其道，综艺、大剧、电影等内容产品，在数量级上迎来了井喷式爆发。据统计，2017年有400档左右的综艺节目，出现在电视和视频媒体的招商手册中。

同时，这也给广告主带来极大的选择恐惧症。在市场乱象之中，大多数综艺节目都在滥竽充数，并且很多都是PPT节目，拟邀明星很炫，但最终能够落地的很少。很多节目就是给广告主看的，广告主不掏钱节目就不上。广告主只能靠“赌”，行业并没有清晰的投放和评判准则。

④ 做真正的精准营销

受到技术限制和人的管理执行力的限制，被传媒描述得神乎其神的大数据、人工智能，在有经济目标的传媒市场投放上好像并没有展示出，并没有实现所承诺的或者让我们期待的那种高度、精准、有效和性价比。

数字广告与传统广告相较，非常明显的优势就是通过大数据的运算方式，能够把品牌信息精准地推送到有需求的用户面前。但是，在广告投放出去之后，广告主也开始担心，所投出的广告是否真的到达了目标群体。

受制于国内环境，现在国内大部分的精准广告只是噱头。所谓精准投放，现行的做法是，先普投，统计用户行为，然后再精准投放看反馈，再有针对性地调整。况且，现在更明显的难点是，国内并没有开放的数据云，除了真正拥有海量用户数据的大媒体公司，其他小平台的数据量都成问题，何谈精准？

⑤ 运用新媒介形式，提高用户转化率

在数字化的媒介传播环境中，新兴媒体、新营销层出不穷，广告主也想利用最新的科技技术，为用户呈现更加炫酷以及年轻化的品牌形象。以VR、AR为例，虚拟现实是新一代的人与人、人与物的交互方式，各种美妙前景。如果能够让VR顺利改造广告营销行业，这场感知和交互革命，不管对于品牌商还是消费者，都是利好的。

不过，从结果层面，在用户销售转化上，这些新形式并不如人意。广告主希望看到的投放效果，不是一堆简单的曝光和互动数据，而是投放的每一分钱都要带来某种具体的、可衡量的效果，实现产品销量的拉升。

广告费用的投入既不是越少越好，也不是多多益善。广告活动的规模、广告费用的多少，应当与企业的规模相适应，在发展中不断变化。相比广告片拍得好不好，广告预算做得好不好更加重要。现在的企业越来越重视广告投放预算，可以说，预算的好坏直接决定着广告效果的好坏，也决定着企业的市场业绩。

2 新媒体传播的规律及其运营的原则①

在新的历史时期，认识新兴媒体的特点，把握新兴媒体的传播规律，是面对网络时代新挑战，开创舆论引导新途径、新方法，促进经济社会科学发展、和谐发展的必要前提。

(1) 新兴媒体传播的特点

从广义上来说，新兴媒体主要包括微博、微信、自媒体、手机短信、EDM、直播平台、博客、播客等。新兴媒体是相对于传统的报纸、杂志、广播、电视等传播媒体而言的，是在互联网条件下，通过运用信息网络技术而产生并不断发展着的诸如互联网媒体、手机媒体等现代化新型传播媒体，有人亦称之为“第四媒体”或“第五媒体”。相对于传统媒体，新兴媒体传播具有以下突出特点：信息来源的开放性，舆情载体的多样性，传播主体的互动性，民意表达的真实性，舆情危机形成的突发性，意见观点的偏颇性。

(2) 新兴媒体传播的规律

新兴媒体同所有社会现象一样，在其纷繁多样的表象之后是有规律可循的。目前，人们对于网络舆情规律的认识，大体可以归纳为以下几点。

① 传播力决定影响力规律。网络、移动网络等新兴媒体正日益成为传播新闻信息、影响社会舆论的重要工具和渠道。作为信息交流与知识共享的平台，互联网无疑为社情民意的传达和反馈提供了更为有效的渠道。但同时不良的网络舆情极易激发网民的非理性情绪，为网络群体性事件的形

① 高武. 新媒体传播规律及其运用[J].宁夏：宁夏党校学报，2013(03).

成和走向现实推波助澜。现实社会上的许多热点事件会最先在网络上进行炒作，而且会对事件的发展起到强大的推动作用。

② 舆情来源的“自媒体”规律。近年来，互联网不仅日益成为我国新闻舆论的独立源头，而且在某种程度上引领着社会舆论的基本走向。例如微博的井喷式发展就显示了自媒体的力量，不仅刷新了网络传播的格局，而且在一定程度上改变了当今中国媒体的整体生态。这种局面的出现，原因多种多样，主要还是在于网络媒体的迅速发展，社会转型的不断深化，以及两者之间的相互激荡。在改革进入“深水区”的当今中国，网络媒体已成为社会各界的重要信息交流平台、民意表达渠道、社会互动场所。

③ 传播主体的平等性规律。新兴媒体的传播主体可以通过无线、有线，计算机、手机等一切可以连入互联网的设备传播信息、表达意愿。不论通过何种网络设备，用户都可以平等地享有网络使用权限。

④ 传播方式的“六度分隔”规律。六度分隔理论指的是：假如每个人跟自己认识的人之间是一步的距离，跟自己不认识而身边有人认识的人之间是两步的距离，那么地球上任何两个陌生人之间的距离最多也就六步之遥。原本根本不可能认识的两个人也有可能通过七回八转的朋友关系搭上线，这就是网络世界的“小世界效应”，也叫“六度分隔理论”。而网络信息传播也表现为六度分隔理论，即从任何一点发出的信息，经过六次传递之后，可能会到网络上的任何一个人那里。这也是由网络的互动性所决定的。

⑤ 传播效果的“池塘效应”规律。在网络上，我们看到了太多的一夜成名。经过仔细搜寻，我们都能发现在出名之间，关于其信息传播的轨迹。网络上信息的扩散一旦越过了“47天生长式样”的“临界点”，出现在近四分之一的网站新闻和论坛之后，在剩下的时间里，就可能出现这种几何级数增长的爆炸式效果。由此可以归纳出，网络舆情的传播，存在着很大程度的“池塘效应”。

(3) 新兴媒体传播规律的运用

科学把握新兴媒体传播特点与规律，目的在于有效运用这些规律，切实解决不适应新兴媒体环境下传播工作要求的现实问题。目前，我国在新兴媒体传播领域中主要存在以下五方面问题。

① 新兴媒体管理基本上都是在进程中逐渐摸索总结，暂时缺乏成熟成型的管理规章制度。新兴媒体是革命性的转变，海量信息、充分互动、匿名发布等特性使得媒介监管的力度、难度大大增加。如何更好地规范网络、手机等大众新兴媒体的公共秩序，成为新兴媒体发展首要解决的问题。

② 新兴媒体在内容创新上，暂时还缺乏新的突破。目前新兴媒体的内容主要来自传统媒体，有些新兴媒体循环播放广告，成了纯粹的“广告机”。在公共秩序得到有效管理后，如何在内容上有所创新，突破传统媒体，以发挥新兴媒体与众不同的特性，则是下一步媒体要解决的问题。

③ 传媒融合有待加强。新兴媒体尽管具有许许多多因科技带来的便利优势，但传统媒体还是具有广泛的群众基础，新旧媒体之间不应该只具有相互对立与冲突，更多的应该是资源互补。我们需要多考虑如何整合资源，进行媒体合作，以达到最优化配置，即新媒体和传统媒体如何更好地融合。

④ 新兴媒体标准化不够。标准就是生产力，就是市场。我国在标准方面却非常滞后，传统行业的技术标准还没有成为体系，新兴媒体的标准更是严重滞后。

⑤ 赢利模式问题。最普通的媒体赢利模式就是用媒体的影响力博得广告主的投放。然而现实情况是：有太多的广告平台却没有足够与之匹配的广告主和广告；新兴媒体在树立社会公德方面，目前还没有传统媒体的优势。

三、单一媒体广告投放的原则

广告计划制作中需要考虑上面的原则，而具体到每一个媒体渠道类型上，则各有自己特别的原则。

1 传统媒体

(1) 报纸平媒

一般按单天，或几天投放；即时性较强的广告或长效广告都可投放，如短期的事件性营销或促销广告，或杂志上的长期品牌形象广告；除党报日报外，一般难以做到精准；一般消费者阅读平面媒体所花费的时间较长，且观看距离很近，因此素材可以呈现较多的信息；此外，新闻性较浓厚的事件营销可以考虑投放报纸软文。

① 平面媒体的一些数字(如纸媒的开机印刷数、发行量、订阅数、零售数、阅读量等)和刊登的广告之间的相互关系

- 开机印刷数：印刷厂根据纸媒的要求，印刷的纸媒份数。
- 发行量：纸媒宣布的发给单位和个人的份数。
- 订阅数：单位和个人按照季度或者年度订阅的份数。
- 零售数：报刊亭或者书店销售的纸媒份数。
- 阅读量：阅读该期纸媒的人次。
- 刊登的广告：各版面的阅读率不同，广告的效果也不尽相同。相互之间的关系如下：

印刷数>发行量=订阅数+零售数

发行量×传阅率=阅读量

广告接触度=阅读量×版面阅读率

② 报纸的广告位、版面等因素和广告效果的关系

- 纸媒的广告效果=广告创意×F(版面大小×版面位置×版面页序)。
- 排除广告创意的影响，报纸广告效果与读者的阅读习惯以及广告版面的大小、位置等有关。
- 头版的内容最重要。该版阅读率最高，报眼位置与报头平行，符合读者从上到下的阅读习惯。但报眼空间较小，不适合做复杂类型的广告，宜用于媒体的特别合作上，借势媒体权威性。
- 广告位置的原则是向上、占中、往左；但是不建议使用全版广告，除

非全版广告创意特殊，可以留住读者的注意力。因为，没有新闻内容的版面往往会被读者直接跨过。

- 广告版面的选择还与版面内容有关。汽车版面刊登汽车广告，房产版面刊登房产广告，这也算报纸广告投放的精准营销。

(2) 广播媒体

一般按两周为最小单位投放；硬广适合推广即时性较强的广告，软性植入则可以长期进行品牌形象的曝光；不同频率受众有一定的差别，例如交通广播可以较准地锁定开车的人群；素材方面受到载体限制，比较适合承载活动信息、促销信息、无法推广有视觉要求的品牌形象广告；主持人黏性较高，可以考虑使用主持人作为主体的线下活动。

投放策略：组合式投放。广告主的产品或服务通常不局限于一个城市或一个省份，特别是全国性或区域性广告主在进行广告投放时，同时在多个市场进行投放，需要考虑针对不同省份、城市广播电台的情况进行组合投放。广播收听的分众化特征较为明显，不同频率、不同时段的收听差异相对较大，因此，在单个城市的广告投放还要考虑不同电台、频率的组合投放，与不同播出时段、不同节目的组合投放。

广告时长：通常有5秒、10秒、15秒、30秒、60秒等长度，不同时长的广告涵盖的内容与信息、表现的主题与定位、传播的目的与效果等均有较大差异。广告主可根据实际投放策略选择不同时长的广告版本。

投放排期策略：主要有集中投放策略、间歇式投放策略、连续稳定式投放策略、脉动式投放策略。广告主应根据自身的推广计划与成本预算，灵活选择相对应的策略。

投放评估：多维度立体化的评估，包括广播覆盖数据、收听率数据、满意度数据、公信力数据等，从中选出最具价值与针对性的广播电台与频率，使其投放组合更有效，以节约广告投放成本，提高广告传播效果。

软性植入(主持人带队出游)：一般适用于旅游行业，所推的线路是旅行社主推的当季热门旅游线路。主持人带队出游的主要媒体形式表现为：主持人口播该旅游线路特色行程，招募用户积极主动报名该线路。主持人带队出游的软性植入，一般选择收听率较高且具有一定影响力的电台主持人。主持人带队出游的软性植入，具有以下优势：

通过主持人口播以及介绍，可以充分展现线路行程特色；

运用主持人的影响力，增加用户的好感度及参与量；

有广播电台作背书，具有一定的公信力，可提升用户心理满意度预期；

主持人自身的形象，是旅游线路隐形代言人；

投放周期内，用户转化率高，传播性强。

(3) 电视媒体

投放时间较为机动，一般一波硬广周期最少在7天左右，可以跳投；硬广由于时长限制，需要较为出彩的声光画面效果才能让消费者记住，投放促销或品牌形象均可；软性广告可按期或按季植入，使用恰当可以让消费者在短期内迅速记住某个品牌，但比较依赖植入创意；因为是大众媒体，基本无法做到精准；费用上，相对于其他媒体依然是最高的，但电视广告在消费者心中依然拥有最高的权威性，在广告主需要快速拓宽分销渠道的时候，电视广告仍然是首选。

电视覆盖家庭数、开机率、收视率、实际观看率、广告到达率、有效到达率之间的关系如下：

① 电视覆盖家庭数：简称电视覆盖率，是可以接收到某频道的家庭比例或数量。

② 开机率：所有有电视机的家庭或人口中，在某时刻，曝光于任何频道的家庭数或人口数占总家庭数或总人口数的比率。根据不同的计算单位，可以分为家庭开机率(HUT，Household Using TV)和个人开机率(PUT，People Using TV)。一段时间内的开机率，是这段时间每分钟开机率的平均值。

③ 收视率：某一时段内收看某电视频道(或某电视节目)的人数(或家户数)占电视观众总人数(或家户数)的百分比；另外一种计算方式是，所有观众人均收看时长与节目时长的比值，这个用得比较少。

④ 实际观看率：该指标没有严格的定义，字面意思理解为看过该节目的人的平均收看时长与节目时长的比值。

⑤ 广告到达率：一波广告投放后，看到广告的观众/推及人口。

⑥ 有效到达率：是在一定时间内同一广告通过媒体到达同一个人(或户)的数量界限。在一个购买周期，或4～8周时间内，至少要有2次曝光频次才可能产生一点效果；至少有3次曝光，才能让受众知道所传播的信息并了解其内容。达到一定次数后，其后的曝光所产生的价值是递减的。

相互关系：

覆盖率>开机率>收视率

广告到达率≥有效到达率

到达率=收视率×平均接触频次/去重后的每分钟收视人数

(4) 户外媒体

投放周期从一周到半年/一年不等，无法跳投；传统户外媒体(如大牌、候车亭、灯箱、框架等)一般用于投放大促或者品牌形象，而地铁内包车等媒体使用恰当也可用于做事件营销；画面展示面积大，因此对素材吸引力要求较高；大众媒体，基本无法做到精准，但是可以根据媒体所在的地理位置锁定某个区域的人群；因为相对其他媒体来说，数量有限、机动性弱，因此制作广告计划时需要较早考虑这部分的投放，并提前预留位置。

① 分众媒体

分众视频一般是3分钟一个循环，如果是15秒的广告，则看到广告的概率是1/12，写字楼人群按照每天接触广告屏幕4次计算，则需要3天看到1次广告。有效接触频次如果设定为3次，则需要每个消费者接触9天广告屏，商务楼宇考虑周末因素，则需要2周时间。反过来讲，如果投放周期是2周的话，那么一个循环投放一次即可。

② 框架媒体

框架媒体属于印刷类户外媒体，并没有什么特殊性，只是离消费者会比较近。该媒体的唯一性是针对该画面位置而言的，梯内至少有3幅框架画面，现在又多了按钮旁的LED刷屏广告，箱体媒体环境越发复杂。

公寓楼住户一般情况下一天至少使用两次电梯，一周至少有14次机会接触到框架广告，如果是促销广告，3次接触已经足够。

但是，消费者并不会同时产生消费需求。广告只有在需求产生的时候才会起到促销的作用，众多消费者的总需求在旺季会形成一条需求曲线。

(5) 电影媒体(以下主要指电影院线媒体)

投放周期按两周或月计算；时长一般为15秒，主要用于投放品牌形象或促销事件等；画面展示面积非常大，影音效果好，素材要求高，适合做抓人眼球的品牌形象广告片，所以投放的车企很多；作为大众媒体，无法做到精准；可以选择贴片(投放某一个电影所有院线的广告)或银幕矩阵(按照影院投放广告)；贴片广告因为要和影片一起录入片源，机动性较弱，需要提前确定投放计划，院线广告类似电视电台广告，只要投放时有广告位即可。

2 新媒体

(1) 网址导航广告

网址导航分为PC端网址导航和手机端网址导航。PC端网址导航是一个集合较多网址，并按照一定条件进行分类的一种网址站。PC端网址导航可谓是互联网最早的网站形式之一，Web1.0时代的产物了，与门户网站同期。网址导航的付费方式为CPT(按时间付费，包月)，主要投放渠道为360导航、hao123导航、2345导航、搜狗导航等。手机端网址导航基本集成在手机浏览器里，付费方式也是CPT，主要投放渠道为QQ浏览器导航站、UC浏览器导航站等。

媒体特性/传播原则与门户网站媒体类似，只是相对来说权威性和新闻性稍弱；另外，广告审核的力度也较弱，广告环境较差。

(2) 搜索SEO/SEM

SEO(Search Engine Optimization，搜索引擎优化)是利用搜索引擎的规则提高网站在有关搜索引擎内的自然排名，为网站提供生态式的自我营销解决方案，让其在行业内占据领先地位，获得品牌收益，包含站外SEO和站内SEO两方面。为了从搜索引擎中获得更多的免费流量，从网站结构、内容建设方案、用户互动传播、页面等角度进行合理规划，SEO还会使搜索引擎中显示的网站相关信息更具有吸引力。

SEM(Search Engine Marketing，关键词竞价)即网站付费后才能被搜索引擎收录并靠前排名，而且，付费越高者可能排名越靠前。竞价排名服务，是由客户为自己的网页购买关键字排名，按点击计费的一种服务。客户可以通过调整每次点击付费价格，控制自己在特定关键词搜索结果中的排名；并可以通过设定不同的关键词捕捉到不同类型的目标访问者。SEM的付费方式为CPC(按点击付费)，主要投放渠道为百度、360搜索、搜狗、神马搜索等。

投放周期非常机动，只要投放账户有余额即可随时上下线，但一般广告主会长期投放；与其他广告类型不同，此类广告不主动向用户展现，而是伴随着用户的搜索行为出现；是广告主根据自己的产品或服务的内容、特点等，确定相关的关键词，撰写广告内容并自主定价投放的广告；当用户搜索到广告主投放的关键词时，相应的广告就会被展示(关键词有多个用户购买时，根据竞价排名原则展示)，并在用户点击后按照广告主对该关键词的出价收费，无点击不收费。整体而言，此类媒体对广告主关键词撰写的能力要求较高，媒体仅提供一个呈现的平台。

(3) 门户网站媒体

投放周期一般按天计算；机动性强，素材更换容易，但因为有一定的权威性，审核严格，需要预留一定的素材内容审核时间；画面展示面积根据站内位置不同有大有小，一般不超过屏幕的1/5；可以精准投放，根据用户标签选择投放目标；可外链并追踪效果；此外，门户网站一般在各个地区会有落地的/合作的当地门户网站，有一定的当地线上线下资源的整合能力，可以做一些活动策划。

(4) 信息流广告

信息流广告是看起来最不像广告的广告，有两个特征：一是与产品功能混排在一起，比如微信的朋友圈广告就近似朋友发布的动态；二是主动推送广告，靠人群的匹配或者广告素材来吸引用户。

信息流广告的付费方式为CPC、CPM(按千次展示付费)，投放媒体主要分为以下几大类：资讯类(今日头条、腾讯新闻、网易新闻等)、社交类(微博、微信等)、工具类(手机浏览器、搜索引擎、手机应用市场等)等。

信息流广告的投放周期最短可以按小时，一般按天投放；机动性很强，素材可以随时修改，但展示面积非常有限，需要在画面内明确突出能够吸引消费者的利益点；作为精准即时性媒体，可以将用户打上各种标签，投放时根据不同的标签选择受众，不同信息流渠道精准程度不同，一般用来推广具体产品或做促销；直接导向销售并可追踪，缺点是水分较大，每个媒体都存在或多或少刷量的情况。

(5) 网络垂直媒体

整体类似门户网站媒体&导航类媒体，只是人群更加集中细分，如汽车之家等。门户网站&导航类媒体用于打广度，垂直类媒体用于打深度。对应行业的广告主可以选择相应的垂直类媒体作为补充性质。

(6) 电商媒体

投放周期机动，一般按天计算；展示面积有限，一般用于投放产品硬广/做活动发券，用户手机观看居多；精准程度视媒体而定，部分电商(如天猫淘宝)可以根据用户的搜索记录匹配广告；没有传播性，直接点对点导向销售；大部分的电商都开放了对应资源置换的平台或计划，可以按照一定的规则置换广告位资源。

(7) 应用商店(应用市场)

应用商店主要包括苹果和安卓两个系统。苹果系统(App Store)的付费方式为CPA(按激活付费)，依靠搜索量、下载量、评论数等权重算法，提升排名结果。竞品的策略调整、苹果算法调整等，也会影响排名，带来自然下载量的波动。

安卓系统的广告投放主要渠道为厂商类商店(华为、OPPO、VIVO、小米等)和媒体类商店(腾讯应用宝、百度手机助手、360手机助手)，付费方式有CPC、CPD(按下载付费)两种。安卓系统的广告形式分为列表、搜索、激励等，列表广告包括精品推荐、分类列表、装机必备等；搜索广告是通过检索关键词展示广告；激励广告则是红包激励类，成本较低但后续转化效果较差，可短期内做增量、降低整体成本。另外，应用市场也有自己的联盟资源和信息流形式可选。

四、传媒的传播评估效果

效果研究一直都是传播学、传媒学研究领域中历史最长、争议最大、最有现实意义的环节。从具体的传播效果来看，大众传播媒介的发展使个人可以方便快捷地了解身外的世界，同时成为传媒受众。受众所希望获得的国内国际范围内的政治、经济、军事、外交、文化、社会生活等方面的情况大多由大众传媒获得。大众传播媒介在传播知识的同时，还将得到主流社会肯定的价值观传递给了受众，进一步加快了受众的社会化进程。此外，大众传播媒介还对群体、社会和文化产生作用。这种效果是长期和潜在的效果，受众、传媒和社会相互作用，彼此独立而又相互统一、制约和促进着对方的发展。

市场经济时代，传播的商业目的性愈加显著，传播效果的一个重要指标就是对受众市场购买行为的影响。

“我知道我的广告费有一半是浪费的，问题是我不知道浪费掉的是哪一半。”——美国百货零售业之父约翰·华纳梅克

“无论在何种传播研究的场合，关于传播效果的问题都是学者的主要研究动机。”——传播学导师威尔伯·施拉姆

广告传播活动是否达到了预期的目的？

怎样去检查、衡量广告的传播效果？

达到理想预期的传播是将品牌诉求在合适的时候用合适的媒体说出来，不在用钱多，而在于用得巧、用得好。

媒体刊发都要有实际的监播及播出报告，传统媒体(如报纸)刊发要核对当天的实际发行、广播要按实际播出时间安排人员收听、电视要按投放时间安排实时收看核对是否按预定的段位播出、户外要实地拍摄刊出的照片且期间还要监测等；线上媒体更要实时监播，避免刷单、刷流量的产生。

遵循了每个媒体广告投放中的传播原则，那么如何知道选择的策略是否正确有效？一般广告主在广告投放完成之后会进行两个层面的效果评估，以进一步分析、推断广告策略的正确性。

1 媒体层面(媒体指标达成方面)

媒体层面的效果评估一般用实际执行的媒体指标对比计划预期的媒体指标，主要包括：

① 传统媒体：视听率、接触度、接触频率、每千人成本(CPM)、媒体覆盖率、媒体发布到达成本率等。

② 网络媒体：PV(综合浏览量)、UV(独立访客)、曝光量、点击量、注册量、下载量、点击率，以及对应的千次曝光成本、单个点击成本、注册成本、下载成本等。

具体到媒体的线上投放效果，需要从以下几个方面来评估：

广告传播带来的数据指标效果，指的是网站流量、UV/PV、点击率、用户数、注册数、粉丝增长量、App下载数量等。

广告传播对实际销量的效果，来自券的领用数、订单转化率、产生的有效订单数、实际成交额等。目前更多企业使用销售额ROI或利润ROI来评估效果。基于销售额的ROI通过单一的投放商品所产生的销售额来测算；基于利润额的ROI除了本身投放产品所产生的销售额，还需要考虑关联销售所带来的销售额，以及销售持续。(计算公式：广告ROI=GMV/广告花费)

广告传播对品牌带来的效果，主要有词条点击数、百度品牌专区的热度、百度指数、百度统计、品牌九度的均衡指数等。

在实际操作中，通过运营SEO，能够研究搜索引擎(如百度、360等)的搜索结果抓取或排序规则，制定相关搜索关键词匹配策略，结合目前全站内容对网站架构、内容展现形式甚至代码等进行优化，借此在搜索引擎搜索结果页中获得更高排名，从而获得更多流量。

合理运作SEM则能够分析产品和业务相关的搜索关键词，在搜索引擎中对于相关关键词进行付费广告投放，从而获得更多流量。此外，需要结合关键词搜索热度和投放价格等的变化对投放策略进行调整和优化。流量运营能够分析各广告/流量分发平台(如网盟、hao123、广点通、微信朋友圈广告等)的数据、推广形式和ROI等，结合产品推广需求制定推广策略和方案，并持续调整，优化流量/用户获取成本。

2 广告传播层面(实际传播效果方面)

除了媒体的相关指标，还需要从传播层面调查分析广告最终对消费者/销售产生的效果。

(1) 消费者询问法

广告信息发布最密集时或广告发布结束后马上进行2～4次询问，从消费者认知的角度评估效果。例如：

为什么购买这个品牌的产品而不购买其他品牌的同类产品？

你是怎样知道某品牌产品的？(或者，看过该产品的哪些广告？)

是广告吸引你来购买的吗？最深的印象、记忆是什么？

你觉得广告上的内容说得对吗？

你是在何日、何时、何地接触到该广告信息的？

(2) 销售对比法

将投放广告期间的销售与不投放广告期间的销售量进行比较，扣除销售量自然增长率，即可得出广告对销售的直接促进效果有多大。

据凯度消费者指数近期发布的《全球媒介投放报告》显示，广告投放是可以拉动销售的，其所带来的销售额占总体销售额的5%左右。凯度报告同时指出，有不到1/10的广告投放带来的销售贡献能占到总销售额的7.5%

以上。广告投放对销售的拉动贡献是和商品的属性类别相关的，报告显示，美妆及个人护理类，以及家庭护理类的广告投放响应最高，对销售额的贡献可达到5.3%；食品和饮料类的广告投放响应则较低，对销售额的贡献低于平均水平，为3.8%。因此，当衡量广告投放的表现时，行业标准也是考量的必要因素。

从用户数量的维度来看，有效的广告投放可以不断地获取新客户。

在评估广告投放效果时，也要看获取新客的数量以及从竞争对手转化过来的用户的数量，同时，提高尝新消费者或轻度消费者对品牌的忠诚度也应作为一个评估维度。

据凯度消费者指数《全球媒介投放报告》显示，广告投放所带来的销售额中，有37%来自新消费者的贡献，这包括被广告吸引而对品类感兴趣的品类新进消费者，也包括从竞争对手转化过来首次尝试的消费者。在中国市场，这个比例达到42%，高于全球市场水平。

此外，还有一个评估维度，就是防止客户流失。有效的广告对于防止现有客户流失也起着重要的作用，这部分带来的销售额贡献占比为27%；在中国市场，这个比例为25%。另外，还有36%的消费贡献是受广告影响后进行了增加购买；在中国市场，这个比例为33%。

(3) 广告效果指数(4A公司主用方法)

广告效果指数——AEI (Advertising Effectiveness Index)，用于分析广告所产生的购买阶段效果，评价广告是否促使消费者购买。

因为广告而购买的人数占总人数的百分比=通过广告增加的购买百分数

$AEI = [A-(A+C)\times B/(B+D)] / (A+B+C+D)$

其中：AEI = 广告效果指数；

A = 看过广告而购买的人数；

B = 未看过广告而购买的人数；

C = 看过广告而未购买的人数；

D = 未看过广告而未购买的人数。

例如：某公司在推出新产品的半个月后，做过一次市场调查，合计抽样人数100人。

其中：看过广告而购买的人数为26人；

未看过广告而购买的人数为12人；

看过广告而未购买的人数为37人；

未看过广告而未购买的人数为25人。

故，AEI=[26−(26+37)×12/(12+25)]/100=5.6%

3 第三方公司调研

品牌广告投放后，第三方调研公司可从广告回忆情况、广告评价、广告对于品牌的促进以及广告对于品牌的影响力等几个维度来对品牌广告投放进行整体的效果评估。

调查样本：样本基数足够大，尽量保证样本的随机性和全面性，确保调查结果的可信度。

调查目的：广告投放后，消费者对该品牌的认知度，可从广告回忆与理解情况、广告评价以及广告对于品牌的影响力等几方面进行随机调查。

(1) 广告回忆与理解方面

主要参考指标：广告回忆率，即对受访者在广告提示前和看过广告之后进行对比。

(2) 广告评价

广告评价主要是消费者对于广告产品的喜好度、广告传递的信息印象、广告的信息交流、广告情感驱动等几方面进行评价。

(3) 广告对于品牌的影响力

① 品牌说服：主要是调研被访者在广告投放后，其认知提升、主动关注、偏好提升和主动推荐等几个维度。

② 品牌认知：主要是相对于广告受众来说，看到过该广告和没看到

过该广告的认知度的对比，说明投放广告对于品牌认知度的提升是否有促进，大概促进比例是多少。

③ 品牌渗透和产生购买的促进：对于使用过该品牌的产品，广告投放后对于消费者是否能产生购买意向，以及后续对该品牌是否有二次购买的行为。

第九章

传媒的未来之路

在互联网时代，人人都可以成为信息内容的生产者和传播者。中国网民规模持续增长，互联网正在从根本上重构中国人的生活方式，一场数字革命风起云涌。信息技术不断发展，网络新媒体的快速发展给传统媒体带来了不小的挑战，传统媒体的数字化转型迫在眉睫。

互联网环境下，传媒信息到达用户的触点是碎片化、分散的，要想实现信息作用的最大化，就必须充分发挥传媒的显性价值和隐性价值。所谓传媒的显性价值，就是指传媒所传播的内容能够被用户接受并消费，而那些没有被用户接触或者用户已经知晓但并没有消费的部分，就是传媒的隐性价值。数字化正是解决传媒隐性价值的方法和手段。

一、纸媒、电视及广播的数字化自救

随着互联网的不断发展，广播、电视、报纸和杂志等传统媒体受到冲击，受众面不断变得狭窄，广告客户也出现加速流失的现象。新媒体的不断崛起，推动着传统媒体与互联网加快融合。

新媒体为传统媒体增添了更为多样化的表现样式，从而能够更好地满足读者的个性化需求。同时，新媒体也改变了传统媒体的生产方式，使传统媒体在内容生产上的成本大大降低。在这种情况下，传统媒体突破自我，积极寻找与新媒体融合的方式，以顺应时代潮流的发展。

报纸的数字化转型：从传统的单一纸质报纸转变成以网络为传播方式的数字报纸。诸如“网络报”“手机报”“电子报纸”等电子出版形式，报纸官方微信、微博、手机App等自媒体形式，把读者变成新媒体端的粉丝，不断向数字媒体领域拓展。

电视的数字化转型：电视机自身从传统的电视盒子，借助Wi-Fi网络，HDR、人工智能等技术，发展成如今的网络智能平板电视。在节目内容层面，也从纯节目形态发展到全节目形态的数字电视。在与观众互动层面，传统电视通过报名热线等方式获取用户信息，如今的电视可以通过微信二维码、抢红包等形式与观众在线实时互动。

广播的数字化转型：从以AM/FM为主要平台的传统广播转变成以网络为传播方式的数字广播。如广播平台的官方微信、微博账号，喜马拉雅、荔枝等网络电台的应运而生。

传统媒体自身还保留着不少的固有优势，比如品牌信任度的背书、内容权威性以及编辑能力等，但无法改变互联网飞速发展带来的媒介融合、整合营销的大趋势。

二、新媒体天然具备“数字”基因

新媒体是什么呢？“从狭义上，新媒体的定义是继报刊、广播、电视、杂志等传统媒体之后，基于网络技术发展起来的新型媒体，通常也被称作数字化媒体，包括互联网媒体、手机媒体、数字电视、机航媒体、户外液晶、移动电视、电子报刊等，并且更多新的形式不断涌现。从广义层面定义，新媒体是传统媒体(电视、杂志、报纸、广播、户外)之外的所有媒体形式(媒介即信息，只要能传达信息的即为媒介)，多元化、多渠道、多形式。”①

新媒体几乎占满了人们的生活空间，无论是工作学习还是娱乐放松，人们都离不开新媒体，同时也被新媒体所影响。新媒体基于大数据开展传播，通过对数据的分析、选择、应用来影响用户的行为选择。大数据是指以多元形式、自许多来源收集而来的庞大数据组。也有一种说法，认为大数据是指无法在一定时间内用常规软件工具对其内容进行抓取、管理和处

① 刘辉. 传统媒体的数字化转型从信息采集开始[J]. 今传媒，2013(2).

理的数据集合。总之，大数据的特点就是“庞大”“海量”。

可以说，数据是新媒体生来就具备的基因，新媒体的数据可能取自社交网络、门户网站、购物网站、各类App等，当然还有许多其他来源。数据分析可以帮助媒体人或广告主确定传播方向，制定传播策略，降低传播成本，提升传播效力。新媒体自带的这种数据采集优势，可以帮助广告主实现有效的精准营销。

以曾经收视火爆的美剧《纸牌屋》为例，这部美剧的影片租赁提供商Netflix(网飞)对2700万名美国订阅用户、3300万名全球订阅用户的评分、观看记录、好友推荐等信息进行深度挖掘，从而找出用户喜欢的视频风格、内容风格、导演和演员，利用这些关键信息确定了观众喜爱的体裁、演员、导演。这便是数据分析的强大威力。

借助微信指数、百度指数、头条指数、清博指数、新榜指数等数据分析工具，广告主或媒体人可以记录、跟踪用户的网页浏览习惯、微博使用习惯、购物偏好、手机GPS定位跟踪等，且新媒体的用户也是庞大海量的，这就便于描绘更为详尽精确的用户画像，针对用户的不同需求制定与之相匹配的营销策略。今日头条的“千人千面”投放策略正是借助自身的数据优势，通过数据分析用户的浏览偏好，为用户推荐感兴趣的内容。由此可见，新媒体的数字基因可以帮助媒体人和广告主更为便捷地提升广告投放的精准性和有效性。

三、户外媒体的数字化转型

户外媒体是存在于公共空间的一种传播介质。近年来，我国户外广告产业保持高速增长的态势，户外媒体形态也更加多样化，楼宇电视、车厢、走廊、公交站牌、地铁、机场、火车站等无时无刻不展现在受众面前。

互联网的飞速发展给户外媒体带来了挑战，也带来了机遇。户外媒体有着更加重要的场景价值，在消费者日常生活空间中的电梯框架媒体、楼宇电视、影院媒体、地铁媒体等，由于其存在于人们上班、下班、娱乐、购物等场景的“移动化”的既定生活轨迹中，这些媒体传播的内容在无形中参与了消费者无数个真实的生活场景和消费场景。

正如分众传媒创始人江南春所说：“移动互联网时代，消费者可以随时随地取得任何信息，并且取得信息的经济成本几乎为零，但时间成本会浪费很多，而且很多信息是重复的。但对于品牌传播而言，选择太多是个巨大的困境。晚上你可以选择看电视、看视频、看微信、玩游戏、教小孩读书，也可以在外面逛街、喝茶聊天、看电影K歌。这个时代人有太多选择，即使你选择看电视也有120个频道，看视频有更多选择，移动端更是资讯过度，人被信息淹没。但是当人处在一个封闭的空间时，比如楼梯间，人的主动选择变少，只能被动接受电梯间的广告，这就使被动式媒体的价值凸显。分众传媒在主流城市主流人群必经的封闭生活空间中，每天形成了高频次强制性的到达，由此形成的品牌引爆能力是当前广告主最需要的。”

数字技术的发展为户外媒体的数字化转型提供了技术支持，各类最新的媒体技术，如大数据、人脸识别、VR技术、增强现实、近场通信等为户外媒体公司的精准营销提供了可能，也成为产业发展的必需。

2018年8月，新潮传媒的数字化新品——蜜蜂智能投放系统(BITS)正式对外发布，这是全国首个线下媒体数据化智能投放平台。这个系统借助“大数据+人工智能技术”，提供基于线下电梯电视DSP+DMP+SSP程序化系统产品，对其覆盖的电梯、社区等线下实体空间人群设立标签，通过数字化技术，帮助广告主实现品牌的精准投放，这也是户外媒体自身的数字化转型升级。

户外媒体是最传统的媒体，也是最新兴的媒体。数字技术的发展以及受众数字媒介接触习惯的改变，使得户外媒体数字化转型成为可能和必需。如果说传统的户外广告是针对大众进行的传播，大数据时代以媒体全覆盖为前提的户外广告则将更加个人化、精确化。

四、用户线下消费行为数据为户外媒体插上腾飞的翅膀

数字经济是当今世界范围内达成高度共识的经济发展形态，是大势所趋。2016 年杭州G20峰会上发布的《二十国集团数字经济发展与合作倡议》中将“数字经济”定义为：“以使用数字化的知识和信息作为关键生产要素、以现代信息网络作为重要载体、以信息通信技术的有效使用作为效率提升和经济结构优化的重要推动力的一系列经济活动。”

中国信息化百人会发布的《2017中国数字经济发展报告》对“数字经济”的定义是：“全社会基于数据资源开发利用形成的经济总和。”在这个定义中，数据是一切比特化的事物，是与物质、能量相并列的人类赖以利用的基本生产要素之一。

中国是全球第二大数字经济大国，数字经济呈现出快速增长、规模庞大、潜力巨大的特征。随着互联网与传统媒体的融合走向深化，传媒产业已经成为中国数字经济的重要组成部分。其中，户外媒体也搭上网络数字化的顺风车，扶摇直上。传统的户外广告升级成为智慧数字标牌，众多广告主都对数字户外广告产生了巨大的兴趣。

大数据时代，户外广告更趋精准化，户外媒体公司可以利用触点技术获得更多消费者个人化的信息，如个人特征、媒介接触、消费行为等，从而更加精准地进行户外广告的策划与创意，同时更加精准地进行户外媒体的组合投放。

根据中国互联网信息中心(CNNIC)发布的数据显示，截至2017年12月31日，我国手机网民规模达到7.53亿。智能手机的互动性为户外广告带来了无限可能，数字户外开始向智能化、互动化和个性化演变。

近些年，基于移动端的线下消费行为数据洞察服务越来越多，在为广告主实现精准营销提升效果方面发挥了可靠作用。这些数据公司利用自身设备和数据资源优势，在户外场景通过智能化的数据连接，和用户的移动

互联网关联，获得用户的消费信息，以及性别、年龄、地域等人口统计学上的特征，帮助广告主改善营销策略、提升营销价值。

问题来了，线下消费者行为数据是如何采集的呢？

当今社会，手机已经不再是一个单纯的通信工具。智能手机发展近10年来，已经由通信工具发展成人类五官之后的“第六感官”，麦克卢汉提出的“媒介——人的延伸”理论已经成为现实。手机像长在人们身体上的器官，人们的吃喝玩乐都可以通过手机实现。手机成为人们生活中的必需品，这也使得广告公司采集消费者行为数据成为可能。

首先，在广告主的线下门店或者广告目标受众经常出入的场所安装数据设备，这个设备就是用于采集消费行为数据的。只要用户随身携带手机，并且出入数据采集设备所在的场所(通常在半径15～20米以内)，这个用户的消费行为数据就会被采集到。

每个人只有一个ID，这是数据化分析的起点和基础。每个用户的性别、年龄、家庭结构、是否发生消费行为、在店内停留的时长，每个消费场景每天的人流量，接触目标商品的人流量，完成购买行为的人流量……这些基于用户真实消费行为的数据会构建一个宏观的数据网络。

我们知道，营销的终极追求就是无营销的营销，而到达终极思想的过渡就是逐步精准。线下精准营销与线上精准营销具有异曲同工之妙。线上精准营销通常采取的方法有搜索引擎的关键词搜索、数据库定时发出EDM(电子邮件营销)、在社交网站建立自己的粉丝圈子等。线下精准营销也需要根据目标人群的消费行为特征，采取与其消费行为匹配的营销手段。

当然，线下消费行为数据的采集也是需要一个时间周期的，待周期结束，数据公司开始对数据加以分析，给消费者打上各类消费行为标签，如这些人群里面男女各占多少比例？不同年龄层的人各占多少比例？他们在现场喜欢哪些品牌？哪些店面设计更吸引他们走进去？

同时，这些数据采集设备还可以采集客群使用的手机机型和手机品牌，以及App使用偏好和品类等数据，帮助客户科学地作出营销决策。在广告主获取了这些用户消费行为数据后，还需要借助第三方(比如腾讯、京东、淘宝、今日头条等线上平台)将这些数据关联起来，通过对比用户的消费行为路径，可以了解目标客群的线上使用偏好、行为等信息，当发现用户有消费需求时，立刻给出相应的精准信息。企业获得尽量全面的用户消费画像后，一方面借助第三方平台广告投放来触达消费者；另一方面，基于这些真实的线下消费行为数据分析，广告主可以精确地定制活动策略，开展有针对性的营销活动。

数字户外与移动手机的结合为广告注入更多创新性和互动性，将创意与受众所在的环境紧密地联系起来，以一种极为有力的方式影响目标受众，让品牌与受众产生更深层次的活动交流，带来交互式营销体验。

户外媒体实现数字化，也给广告主营造了想象空间，对于销售行为之前的一段流程便有了更清晰的把握。数字化将户外媒体所蕴涵的隐形价值挖掘出来，和媒体的显性价值一起发挥作用，如此一来，户外媒体将实现最大价值的发挥。对于企业主来说，只有对客群消费属性有了深入了解，才能实现精准的品牌或者产品定位，从而有的放矢，避免广告浪费。

五、户外媒体数字化任重而道远

大数据时代，数字技术不断革新，很多广告主陷入即时营销的陷阱，渴望通过引爆热点实现品牌的快速扩大和成长。然而，这样的营销方式在消费者头脑中不会留下很深的印象，营销效果也将转瞬即逝。要想在消费者心中种下牢固的品牌印象，广告主应该采取一种长久的、恒定的营销策略，如一粒种子播种在消费者心田，让消费者对品牌产生信赖和安全感。

户外媒体场景营销便是一种常态化的存在，楼宇电视、公交地铁、机场、火车站等户外媒介存在于人们上下班、生活、娱乐等诸多场景中，参与用户真实的生活。对于用户来说，这种被动式的媒体体验，无形中给自己带来了一种稳固的价值参考，久而久之，用户便被户外媒体广告所感染，在未来的某个时刻，触发购买行为。

在移动互联网时代，户外媒体依然有广阔的发展前景和媒体价值，数字化是户外媒体实现快速发展的血液。对户外媒体采集到的线下消费行为数据展开深入挖掘，广告主可以深入了解目标受众的消费行为特征，因此，户外媒体技术和数据分析使用方法的研发就变得十分重要和必要。

城市生活中，地铁已经成为主流的交通工具。根据央视市场研究有限公司的数据显示，截至2017年底，80%以上的人群会选择地铁作为首选的交通工具，地铁占据了都市白领及商务人群近60%的碎片时间。因此，地铁便成为线下最大的流量入口，构成封闭的营销场景环境。

继公交站牌、火车站等户外广告空间之后，地铁成为广告营销的主战场。以地铁媒体为营销资源的传媒公司会将地铁广告的表现形式发挥到极致，同时借助最新的传媒技术手段，比如在地铁广告投放效果的用户数据跟踪方面，收集接触地铁广告的用户线上线下消费数据，帮助客户实现更精准的广告投放。假设某品牌企业与某传媒运营商合作，在其覆盖的都市核心商圈地铁站投放大屏广告，并安装数据采集设备，借助触点技术，获取每天经过地铁站的用户消费画像，诸如他们的年龄、性别、在广告大屏前逗留的时长频次等，然后借助第三方消费平台，对比用户的消费行为偏好，从而筛选出精准的目标用户，制定相应的营销策略。

媒体的改进帮助广告主依据真实的用户消费行为数据制定营销策略，线下户外媒体和线上媒体通过触点技术自然完美地融合，提升广告投入产出比，最后用ROI来验证营销实效，这是目前为止最行之有效的办法。所以，无论是广告公司还是媒体，都应该将媒体数字化作为品销合一的利刃大力发展。

任何新生事物的出现与发展都存在两面性。传统媒体借助数字化手段，通过对用户行为进行标签化匹配，无疑可以帮助广告主实现更精准的营销，但与此同时，也对市场尤其是对公民隐私带来了侵犯风险。此前，阿里巴巴以约150亿元人民币战略入股分众传媒，“阿里线上分众线下强强联合，探讨新零售大趋势下数字营销的模式创新”，在一定程度上，分众传媒变成了阿里巴巴数据收集的入口，这可能会对其他电商平台的生存构成威胁。如何在健康生态的前提下发挥传媒的数字化功效，值得每一位广告主、数字开发者和传媒从业者关注和思考。

在物联网时代，技术的日益革新带来了线上线下融合的新消费体验。以满足消费者体验为核心的多业态场景正在形成，传媒媒体在数字技术的加持下，将跨入一个全新的移动化、数字化发展阶段。线上线下媒体融合发展的体系日渐形成，人类应当以平静的心态迎接“人即订单”时代的到来。